医疗纠纷多元化解决机制相关法律问题探究

王蛟　著

河北大学出版社
·保定·

出 版 人：刘相美
责任编辑：李丽华
装帧设计：张彦琪
责任校对：蔡文涛
责任印制：常 凯

YILIAO JIUFEN DUOYUANHUA JIEJUE JIZHI XIANGGUAN FALV WENTI TANJIU

图书在版编目（CIP）数据

医疗纠纷多元化解决机制相关法律问题探究 / 王蛟著 .-- 保定：河北大学出版社，2024.9.--ISBN 978-7-5666-2486-4

Ⅰ .D922.164

中国国家版本馆 CIP 数据核字第 2024UH4946 号

出版发行：河北大学出版社
地址：河北省保定市七一东路 2666 号 邮编：071000
电话：0312-5073019 0312-5073029
邮箱：hbdxcbs818@163.com 网址：www.hbdxcbs.com
经 销：全国新华书店
印 刷：涿州市般润文化传播有限公司
幅面尺寸：170 mm × 240 mm
印 张：12.5
字 数：167 千字
版 次：2024 年 9 月第 1 版
印 次：2024 年 9 月第 1 次印刷
书 号：ISBN 978-7-5666-2486-4
定 价：40.00 元

前　言

医疗纠纷是指发生在医疗服务、医疗诊断、医疗保健、医疗美容、病历书写等具有合法资质的医疗企事业法人或机构与患者之间的纠纷。目前，中国的医疗纠纷是特别不好处理的事情。医疗纠纷主要表现在医疗事故上，但也包括非医疗事故产生的医疗纠纷，如患方对医方的服务态度不满产生的医疗纠纷等，光靠一部《医疗事故处理条例》（国务院令第351号）是无法解决的，而且目前没有专门处理医疗纠纷的法律，对医疗纠纷的法律救济知识散见于各类法律法规之中，所以有必要通过对医疗纠纷进行分析，找到解决医疗纠纷的各种途径并加以完善。

医患双方是构成医疗纠纷的主体，对医患关系进行说明，有助于我们更好地理解医疗纠纷的来龙去脉。医患关系可被分为狭义的医患关系和广义的医患关系。狭义的医患关系指单个的医师与单个的患者之间因疾病诊疗所形成的关系。广义的医患关系就是指医务人员、医疗机构，甚至包括卫生行政部门与患者群体之间由于医疗行为、医疗服务所引起的法律关系。医方包括医师、护理人员、医技人员及这些人所在的医疗机构或医疗单位。患方主要包括患者本人、法定代理人、监护人、家属及近亲属，也可以包括患者的单位、医疗保险机构等。

近年来，医疗纠纷呈上升趋势，如何妥善解决医疗纠纷、缓解医患矛盾，建立健全科学合理的医疗纠纷解决机制显得尤为重要。本书立足于医疗纠纷这一社会焦点问题，阐述医疗纠纷相关理论并对其涉及的不同层面和多重领域进行研究，包括医患关系和矛盾、医疗纠纷中的责任与义务、医患矛盾的必然性、医疗纠纷中的责任、医疗纠纷的处置、医疗纠纷的鉴定、医疗纠纷的解决、医疗纠纷解决机制的补充、互联网医疗纠纷的风险及规避、和谐医患关系的构建。本书从我国现有的情况出发，分析存在的问题，并且对我国医疗纠纷解决机制进行了简单探讨，希望通过本研究能够为缓和医患双方的矛盾、重建医患之间的信任提供参考，促进医疗产业的健康发展及和谐社会的建立。

目　　录

第一章　医疗纠纷概述

第一节　医疗纠纷的概念

医疗纠纷有广义和狭义之分。广义的医疗纠纷是指病人及其亲属在因病就诊过程中与医疗机构及其工作人员因矛盾而产生的分歧和争议，既包括对诊疗护理过程中产生的后果认识不一致而发生的纠纷，也包括因一些非诊疗的护理行为而引起的一般民事纠纷。狭义的医疗纠纷则仅指由诊疗护理行为引发的分歧和争议。①

医疗纠纷可以被分为有过失的医疗纠纷和无过失的医疗纠纷。有过失的医疗纠纷包括医疗事故和医疗差错。《医疗事故处理条例》第二条规定："本条例所称医疗事故，是指医疗机构及其医务人员在医疗活动中，违反医疗卫生管理法律、行政法规、部门规章和诊疗护理规范、常规，过失造成患者人身损害的事故。"第四条规定："根据对患者人身造成的损害程度，医疗事故分为四级：一级医疗事故，即造成患者死亡、重度残疾的；二级医疗事故，即造成患者中度残疾、器官组织损伤导致严重功能障碍的；三级医疗事故，即造成患者轻度残疾、器官组织损伤导致一般功能障碍的；四级医疗事故，即造成患者明显人身损害的其他后果的。具体分级标准由

① 赵衡文. 医疗纠纷的理论与实践［M］. 长沙：中南大学出版社，2005：25.

国务院卫生行政部门制定。”详见《医疗事故分级标准（试行）》（卫生部令第 32 号[①]）。医疗差错是指不产生严重后果的医疗纠纷。

第二节 医疗损害

一、医疗损害概述与相关主体

（一）医疗损害概述

1. 医疗损害的概念

医疗损害是指因医疗机构及其医务人员的故意或过失（即医疗过错），对就医患者造成身体上或精神上的损害结果。在诉讼实践中，因医务人员的故意或重大过失造成患者医疗损害的，视情形可构成刑法意义上的“医疗事故罪”，由刑法对其进行调整；因医务人员的一般过失造成患者医疗损害的，属民事侵权行为，依据《中华人民共和国民法典》（以下简称《民法典》）侵权责任编，应由医疗机构承担医疗损害赔偿责任。根据《最高人民法院关于审理医疗损害责任纠纷案件适用法律若干问题的解释》（2020年修正）第一条规定：“患者以在诊疗活动中受到人身或者财产损害为由请求医疗机构，医疗产品的生产者、销售者、药品上市许可持有人或者血液提供机构承担侵权责任的案件，适用本解释。患者以在美容医疗机构或者开设医疗美容科室的医疗机构实施的医疗美容活动中受到人身或者财产损害为由提起的侵权纠纷案件，适用本解释。当事人提起的医疗服务合同纠

① 2013 年 3 月，第十二届全国人民代表大会第一次会议批准了《国务院关于提请审议国务院机构改革和职能转变方案》，将卫生部的职责、国家人口和计划生育委员会的计划生育管理和服务职责整合，组建国家卫生和计划生育委员会，不再保留卫生部。2018 年 3 月，第十三届全国人民代表大会第一次会议批准了《国务院机构改革方案》，将国家卫生和计划生育委员会、国务院深化医药卫生体制改革领导小组办公室、全国老龄工作委员会办公室的职责，工业和信息化部牵头的《烟草控制框架公约》履约工作职责，国家安全生产监督管理总局的职业安全健康监督管理职责整合，组建国家卫生健康委员会，不再保留国家卫生和计划生育委员会。下文对此不再进行提示。

纷案件，不适用本解释。”由此可见，医疗损害不仅包括患者在诊疗活动中受到的人身或财产损害，还包括因医疗产品产生的损害和患者在美容医疗机构或开设医疗美容科室的医疗机构实施的医疗美容活动中受到的人身或财产损害。

首次规定医疗损害的概念是2009年12月26日通过的《中华人民共和国侵权责任法》（以下简称《侵权责任法》，《民法典》于2021年1月1日实施后，该法废止），在此之前我国只有医疗事故的概念。2002年4月4日，国务院公布《医疗事故处理条例》。随着2002年4月1日起施行的《最高人民法院关于民事诉讼证据的若干规定》明确规定医疗侵权纠纷案件举证责任倒置后，该类案件的数量有了明显的增长。[①] 从2002年到目前，我国处理医疗纠纷的制度设计和能力水平有了一个很大的提升。

2. 医疗损害与医疗事故

目前医疗损害纠纷适用《民法典》和《最高人民法院关于审理医疗损害责任纠纷案件适用法律若干问题的解释》，但是医疗事故的概念依旧存在。医疗事故属于行政法上的概念，医疗损害属于民法上的概念，两者的区别如下：

（1）适用法律不同。前者适用行政规范《医疗机构管理条例》；后者适用民事规范，如《民法典》。

（2）处理的机构不同。前者由医院所在地的卫生监督所处理，后者由法院主管。

（3）构成的标准不同。前者标准高，后者标准低，即能够构成医疗损害的不一定构成医疗事故。

（4）处理的目的不同。前者是为了追究医院、医生的行政责任，后者是患者或患者家属为了主张民事上的赔偿。

（5）鉴定机构不同。前者由卫生监督所移送本区医学会鉴定，后者由

---

① 赖红梅. 医疗损害责任纠纷研究［M］. 武汉：武汉大学出版社，2021：19.

法院移送医学会或司法鉴定机构鉴定。

(6) 等级划分不同。前者适用《医疗事故分级标准(试行)》,后者适用《医学会医疗损害鉴定规则(试行)》。

(二) 医疗损害赔偿责任主体及行政处罚对象

《民法典》[①] 第一千二百一十八条规定:“患者在诊疗活动中受到损害,医疗机构或者其医务人员有过错的,由医疗机构承担赔偿责任。”在民事诉讼中,医疗损害的赔偿主体是医疗机构。在实践中,我们遇到的当事人因为对医生不满意想要直接告医生的情况是不存在的,但是如果医生涉及违法违规,就会受到行政机构的处罚。

针对医疗机构及医务人员的行政处罚,现对 2018 年 10 月 1 日起施行的《医疗纠纷预防和处理条例》(国务院令第 701 号)第四十七条在实践中的具体适用进行分析。

1. 责令改正,给予警告

前提是没有构成医疗损害,但鉴定意见书明确医方存在过错:

(1) 未按规定制定和实施医疗质量安全管理制度。分析:违反相关制度,但不构成医疗损害。

(2) 未按规定告知患者病情、医疗措施、医疗风险、替代医疗方案等。分析:告知方面确实存在问题,没有明确告知或签字存在问题,但不构成医疗损害。

(3) 开展具有较高医疗风险的诊疗活动,未提前预备应对方案防范突发风险。分析:做了预防措施,但没有考虑周全,也不构成医疗损害。

(4) 未按规定填写、保管病历资料,或者未按规定补记抢救病历。分析:病历书写存在问题,但没有直接构成医疗损害因果关系。

---

① 《中华人民共和国民法典》于 2021 年 1 月 1 日起施行,《中华人民共和国婚姻法》《中华人民共和国继承法》《中华人民共和国民法通则》《中华人民共和国收养法》《中华人民共和国担保法》《中华人民共和国合同法》《中华人民共和国物权法》《中华人民共和国侵权责任法》《中华人民共和国民法总则》同时废止。最高人民法院对相关司法解释也进行了废止或修改。本书对这类法律规范的时效性不再特别说明。

（5）拒绝为患者提供查阅、复制病历资料服务。分析：但事后立刻补救。

（6）未建立投诉接待制度、设置统一投诉管理部门或者配备专（兼）职人员。分析：有制度，也有相关人员，但发生纠纷时没有完全按照制度来处理。

（7）未按规定封存、保管、启封病历资料和现场实物。分析：但及时补救且不构成医疗损害后果。

2. 责任轻微，给予罚款

（1）前提是构成医疗损害，并且责任程度在中间责任（包含中间责任）以下：①未按规定制定和实施医疗质量安全管理制度。分析：违反相关制度，构成医疗损害。②未按规定告知患者病情、医疗措施、医疗风险、替代医疗方案等。分析：告知方面确实存在问题，没有明确告知或签字存在问题，构成医疗损害。③开展具有较高医疗风险的诊疗活动，未提前预备应对方案防范突发风险。分析：没有预防措施，或者预防措施考虑不周全，构成医疗损害。④未按规定填写、保管病历资料，或者未按规定补记抢救病历。分析：病历书写存在问题，构成医疗损害因果关系。⑤拒绝为患者提供查阅、复制病历资料服务。分析：没有补救措施，而且存在提供资料不齐全的问题，构成医疗损害。⑥未建立投诉接待制度、设置统一投诉管理部门或者配备专（兼）职人员。分析：没有制度，没有相关人员，或者有制度和人员但不按照制度执行。发生纠纷时，相关人员惊慌失措，最后构成医疗损害。

（2）即使不构成医疗损害或即使构成医疗损害，但责任程度在中间责任以下，按照轻微责任处理：①未按规定封存、保管、启封病历资料和现场实物。②未按规定向卫生主管部门报告重大医疗纠纷。

3. 情节严重的处罚措施

对直接负责的主管人员和其他直接责任人员给予或者责令给予降低岗位等级或者撤职的处分，对有关医务人员可以责令暂停 1 个月以上 6 个月以下执业活动。前提是构成医疗损害，并且责任程度在主要责任（包含主要责任）以上：

（1）未按规定制定和实施医疗质量安全管理制度。分析：违反相关制度，构成医疗损害主要责任以上。

（2）未按规定告知患者病情、医疗措施、医疗风险、替代医疗方案等。分析：告知方面确实存在问题，没有明确告知或签字存在问题，构成医疗损害主要责任以上。

（3）开展具有较高医疗风险的诊疗活动，未提前预备应对方案防范突发风险。分析：没有预防措施，或者预防措施考虑不周全，构成医疗损害主要责任以上。

（4）未按规定填写、保管病历资料，或者未按规定补记抢救病历。分析：病历书写存在问题，构成医疗损害主要责任以上。

（5）拒绝为患者提供查阅、复制病历资料服务。分析：没有补救措施，而且存在提供资料不齐全的问题，构成医疗损害主要责任以上。

（6）未建立投诉接待制度、设置统一投诉管理部门或者配备专（兼）职人员。分析：没有制度，没有相关人员，或者有制度和人员但不按照制度执行，发生纠纷，构成医疗损害主要责任以上。

（7）未按规定封存、保管、启封病历资料和现场实物。分析：构成医疗损害主要责任以上。

（8）未按规定向卫生主管部门报告重大医疗纠纷。分析：构成医疗损害主要责任以上。

（三）医疗损害赔偿申请主体

医疗损害赔偿申请主体包括知情同意权主体、病历封存主体、诉讼主体等，即患者与其近亲属。《民法典》婚姻家庭编第一千零四十五条对近亲属的范围进行了规定：配偶、父母、子女、兄弟姐妹、祖父母、外祖父母、孙子女、外孙子女为近亲属。配偶、父母、子女和其他共同生活的近亲属为家庭成员。医疗损害责任纠纷中的近亲属与之有区分，指父母、配偶、子女。近亲属顺位在理论上有法定监护说和继承权说。[①] 法定监护顺位说即根据《民法典》第二十八条适用监护人顺位。继承权顺位说即根据《民法典》第一千一百二十七条适用遗产继承顺位。

在知情同意权主体上，适用法定监护顺位有利于医疗机构更加有效地进行诊疗活动，而适用继承权顺位则由更多的近亲属共同决定医疗方案，更加符合患者的最佳利益。

在实践中，一般的诊疗活动由患者本人签字；涉及重要的诊疗活动时，需要由第一顺位的近亲属作出共同决定。在患者为限制民事行为能力人、无民事行为能力人的情况下，应当由其监护人决定。若是完全民事行为能力的患者签订了授权书，则被授权主体的决定是有效的。笔者认为知情同意权的设置是为了保护患者的利益，应当选择更加了解患者病情的人作出诊疗决定，所以在具体顺位问题上不能对医疗机构过于苛刻。

赔偿申请主体一般是患者本人。如患者为未成年人、精神病人或无民事行为能力人，由其法定代理人申请赔偿。如患者已死亡，由其继承人（第一顺位的配偶、父母、子女）申请赔偿。

二、医疗技术损害

医疗技术损害是指医疗机构及医务人员从事的病情检验、诊断，治疗方法的选择，治疗措施的执行，病情发展过程的追踪，以及术后照护等医疗行为，不符合当时既存的医疗专业知识或技术水准，从而导致的损害。医疗技术损害有两种过错形态：过错责任和过错推定。

关于过错责任，在适用过错责任原则的一般情况下，医疗机构及医务人员的医疗行为是否存在技术损害要件，须由原告即受害患者一方承担举证责任，即使是医疗过失要件，也由受害患者一方承担举证责任。《民法典》第一千二百二十一条规定："医务人员在诊疗活动中未尽到与当时的医

① 陆青，章晓英．民法典时代近亲属同意规则的解释论重构［J］．浙江大学学报（人文社会科学版），2020（6）：110-127．

疗水平相应的诊疗义务，造成患者损害的，医疗机构应当承担赔偿责任。”诊疗活动中，未尽到与当时的医疗水平相应的诊疗义务的举证责任在患方。《最高人民法院关于审理医疗损害责任纠纷案件适用法律若干问题的解释》第十六条规定：“对医疗机构或者其医务人员的过错，应当依据法律、行政法规、规章以及其他有关诊疗规范进行认定，可以综合考虑患者病情的紧急程度、患者个体差异、当地的医疗水平、医疗机构与医务人员资质等因素。”

在实践中，诊疗过错的认定一般依赖于鉴定意见，法官也可能按照鉴定意见作出判决。《医疗事故处理条例》第二十条规定：“卫生行政部门接到医疗机构关于重大医疗过失行为的报告或者医疗事故争议当事人要求处理医疗事故争议的申请后，对需要进行医疗事故技术鉴定的，应当交由负责医疗事故技术鉴定工作的医学会组织鉴定；医患双方协商解决医疗事故争议，需要进行医疗事故技术鉴定的，由双方当事人共同委托负责医疗事故技术鉴定工作的医学会组织鉴定。”在某些案件中，如果当事人认为医学会作出的鉴定有不符合实际、不科学、不公正的情况，可以要求法院进行司法鉴定。

关于过错推定，《民法典》第一千二百二十二条规定：“患者在诊疗活动中受到损害，有下列情形之一的，推定医疗机构有过错：（一）违反法律、行政法规、规章以及其他有关诊疗规范的规定；（二）隐匿或者拒绝提供与纠纷有关的病历资料；（三）遗失、伪造、篡改或者违法销毁病历资料。”患方若能够提供证据证明医方存在《民法典》第一千二百二十二条的情况，法院可以进行客观审查，直接推定过错。若鉴定意见认为医方没有过错，患方也无法举证证明医疗机构及医务人员存在“法律推定过错”的情形，患方可以提供证明医方有过错的、具有高度盖然性的证据使法官作出自由心证，但这在实践中是有难度的，因为法官并不是医学专家，不可以随意推翻专业的医学鉴定，否则可能会导致司法权滥用。

三、医疗伦理损害

（一）医疗伦理损害概述

医疗伦理损害是指医疗机构及医务人员从事各种医疗行为时，未对病患充分告知或说明其病情，未对病患提供及时有用的医疗建议，未保守与病情有关的各种秘密，或者未取得病患同意即采取某种医疗措施或停止继续治疗等，而违反医疗职业良知或职业伦理上应遵守的规则的过失行为。医疗伦理损害适用过错推定原则，直接推定医疗机构的过失，除非医疗机构能够证明自己已经履行了相应义务，否则应当就其医疗伦理过错造成的损害承担赔偿责任。

医疗伦理损害后果包括人身损害和精神损害。有时候虽然是否告知病患病情对于死亡结果是一样的，但会被认为告知的死亡结果与告知不足的死亡结果并不能等同，法官会以"精神损害赔偿"的形式对医方予以"惩戒"。

（二）知情同意权

知情同意权又被称为医疗机构的告知义务，相关规定比较多。《民法典》第一千二百一十九条规定："医务人员在诊疗活动中应当向患者说明病情和医疗措施。需要实施手术、特殊检查、特殊治疗的，医务人员应当及时向患者具体说明医疗风险、替代医疗方案等情况，并取得其明确同意；不能或者不宜向患者说明的，应当向患者的近亲属说明，并取得其明确同意。医务人员未尽到前款义务，造成患者损害的，医疗机构应当承担赔偿责任。"《医疗机构管理条例》第三十二条规定："医务人员在诊疗活动中应当向患者说明病情和医疗措施。需要实施手术、特殊检查、特殊治疗的，医务人员应当及时向患者具体说明医疗风险、替代医疗方案等情况，并取得其明确同意；不能或者不宜向患者说明的，应当向患者的近亲属说明，并取得其明确同意。因抢救生命垂危的患者等紧急情况，不能取得患者或者其近亲属意见的，经医疗机构负责人或者授权的负责人批准，可以立即实施相应的医疗措施。”《医疗事故处理条例》第十一条规定：“在医疗活动中，医疗机构及其医务人员应当将患者的病情、医疗措施、医疗风险等如实告知患者，及时解答其咨询；但是，应当避免对患者产生不利后果。”

《民法典》第一千二百一十九条要求告知义务是具体的，不是笼统的；将原来的“书面同意”改成了“明确同意”。法条没有明确要求书面同意，是不是对医疗机构告知义务的减轻呢？并不是。在实践中出现了鉴定意见认定医方已经履行了告知义务，即提供了告知书上患方的书面签名，但是医方在手术过程中确实与患者缺乏有效沟通，或者患者在术后并不清楚自己的病情。[①]“明确同意”比原来的“书面同意”更加人性化。对于患方来说，不是其签了字就可以免除医方的告知义务；而对于医方来说，告知义务作为医疗伦理损害适用过错推定责任，是否经过患者的明确同意需要其举证证明。

在实践中，笔者曾投诉某医院违反相关告知义务，收到的处理意见认为医院并不是没有履行告知义务，而是没有执行《同意书》一式两份的规定，即认为医院的惯例是在为每一个患者做内镜检查前均会与其签订《同意书》，以此判断医院已经履行相关的告知义务，即使在本案中医院无法提供有患者签字的《同意书》。这种认定方式与《民法典》第一千二百一十九条的规定完全不符，也不符合《医疗纠纷预防和处理条例》第四十七条第二项的规定。此案最后在鉴定会中，鉴定意见认定被告医院没有履行告知义务。

目前已有部分医院违反患者知情同意权被处罚的情况，但是一方面医疗机构对患者知情同意权的保护意识有待加强，有的医疗机构没有对知情告知书进行详细解释就让患者草草签了字，术中或术后也没有对患者的病情进行实时释明，没有取得《民法典》第一千二百一十九条规定的患者的“明确同意”；另一方面，有的医疗机构无法把握知情同意权与紧急救治之

---

① 茆荣华.《民法典》适用与司法实务［M］. 北京：法律出版社，2020：862.

间的关系，过于强调告知义务，导致过犹不及。

《民法典》第一千二百一十九条规定的患者知情同意权在法律规范上已经比较完善，但是在实践中，特别是在医疗机构和卫生行政机构中的普及度仍然有待提高，希望医疗法律制度能够进一步普及，进一步起到缓解医患纠纷的作用。

（三）隐私权

隐私权在《民法典》第一千二百二十六条中有明确规定："医疗机构及其医务人员应当对患者的隐私和个人信息保密。泄露患者的隐私和个人信息，或者未经患者同意公开其病历资料的，应当承担侵权责任。"医院掌握着大量的患者信息，应特别注意患者隐私权的保护。特别是在医美机构中，有的医生想要用治疗前后的对比图作为广告吸引顾客，但这种行为可能侵害患者的隐私权，也可能违反广告法。

四、医疗管理损害

（一）医疗管理损害概述

曾有观点把医疗损害分为医疗技术损害、医疗伦理损害和医疗产品损害三类，而医疗管理损害被列在医疗伦理损害之下。但是，现在我国理论界和实务界将医疗管理损害从医疗伦理损害中独立出来，构成了医疗损害四分法。[①] 杨立新教授认为医疗管理损害应当属于过错责任，原因是医疗管理损害与医疗伦理损害责任不同，在医疗伦理损害责任中，医疗机构及医务人员的过错是违反医生职业伦理道德、违反医生良知的过错，而医疗管理过错则是违反医政管理规范、管理职责的过错，属于医疗管理的过错，性质并不相同，[②] 所以应当适用《民法典》第一千二百一十八条的规定："患者在诊疗活动中受到损害，医疗机构或者其他医务人员有过错的，由医

① 最高人民法院民法典贯彻实施工作领导小组. 中华人民共和国民法典侵权责任编理解与适用［M］. 北京：人民法院出版社，2020：412.

② 杨立新. 医疗管理损害责任与法律适用［J］. 法学家，2012（3）：30-39.

疗机构承担赔偿责任。”换句话说，医疗管理损害适用过错原则，需要原告方证明医方有主观过错，不然就无法构成医疗管理损害责任。

（二）医疗管理损害的具体情形

1. 违反紧急救治义务的损害责任

医疗机构的紧急救治义务，《民法典》第一千二百二十条规定：“因抢救生命垂危的患者等紧急情况，不能取得患者或者其近亲属意见的，经医疗机构负责人或者授权的负责人批准，可以立即实施相应的医疗措施。”在需要紧急救治时，医院没有立即实施相应的医疗措施，其责任的承担具体还是要看过错在医方还是患方。

2. 违反病历资料管理职责致害的责任

医疗机构有完整保存、及时提供病历资料的责任，这需要与医疗技术损害中的过错推定情形，即隐匿或拒绝提供与纠纷有关的病历资料相区分。《民法典》第一千二百二十五条规定：“医疗机构及其医务人员应当按照规定填写并妥善保管住院志、医嘱单、检验报告、手术及麻醉记录、病理资料、护理记录等病历资料。患者要求查阅、复制前款规定的病历资料的，医疗机构应当及时提供。”发生医疗纠纷，患方去医院复制封存病历时，建议聘请律师陪同前往，若遭到医疗机构的阻挠或拒绝，实际上是医疗机构违反了其管理病历资料之责，侵害了患者对病历资料的所有权，建议报警处理。

3. 违反安全保障义务的责任

医疗机构对其场所内的公民是否有安全保障义务？《中华人民共和国基本医疗卫生与健康促进法》第四十六条规定：“医疗卫生机构执业场所是提供医疗卫生服务的公共场所，任何组织或者个人不得扰乱其秩序。”该条文将医疗机构定义为公共场所，故一般认为医疗机构的一般安全保障义务适用《民法典》第一千一百九十八条的规定。

五、医疗产品损害

医疗产品损害指医疗机构在医疗过程中使用有缺陷的药品、消毒药剂、医疗器械和血液及制品等医疗产品，因此造成患者人身损害的医疗行为。与其他医疗纠纷相比，医疗产品损害纠纷的主要特点是被告不再局限于医疗机构，可能还会涉及药品上市许可持有人、生产者、血液提供机构，甚至是网络交易第三方平台。《民法典》第一千二百二十三条规定："因药品、消毒产品、医疗器械的缺陷，或者输入不合格的血液造成患者损害的，患者可以向药品上市许可持有人、生产者、血液提供机构请求赔偿，也可以向医疗机构请求赔偿。患者向医疗机构请求赔偿的，医疗机构赔偿后，有权向负有责任的药品上市许可持有人、生产者、血液提供机构追偿。"也就是说，对于患者来说，药品上市许可持有人、生产者、血液提供机构、医疗机构承担连带责任。而对于医疗机构而言，其只是承担不真正连带责任。因此，在医疗产品损害纠纷中，法院不直接确定最终责任者，否则会影响患者的权利行使。

医疗产品损害中的医疗机构还要符合"销售者"的特征。如果患者在医疗机构诊断后并没有购买药物，则该医疗机构并不符合"销售者"的定义。

《中华人民共和国药品管理法》第三十条规定："药品上市许可持有人是指取得药品注册证书的企业或者药品研制机构等。药品上市许可持有人应当依照本法规定，对药品的非临床研究、临床试验、生产经营、上市后研究、不良反应监测及报告与处理等承担责任。其他从事药品研制、生产、经营、储存、运输、使用等活动的单位和个人依法承担相应责任。药品上市许可持有人的法定代表人、主要负责人对药品质量全面负责。"

血液提供机构在我国主要指血站。血液本身不是产品，但是应该视为产品，[①] 适用《中华人民共和国产品质量法》（以下简称《产品质量法》）血液提供者与血液制品生产企业一样，承担无过错责任。

此外，《民法典》第一千二百零七条规定了产品的惩罚性赔偿，医疗产

① 最高人民法院民法典贯彻实施工作领导小组．中华人民共和国民法典侵权责任编理解与适用［M］．北京：人民法院出版社，2020：474．

品作为特殊的产品也应当适用这一条。

第三节 医疗意外

一、医疗意外概述

医疗意外属于处理医疗纠纷的难点，因为医疗意外可以免除医疗机构的责任，这就说明了患方需要自己承担医疗损害后果。在实践中，医疗意外十分常见，由于临床医学是经验科学，医疗纠纷大部分难以明确因果关系，所以医疗意外在所难免，其所致的医患纠纷长期以来影响医患关系。笔者认为，可以推广医疗意外险以分担患方发生医疗损害的风险。

医疗意外的定义有两种学说：一是特质说。《医疗事故处理条例》第三十三条第二项规定："在医疗活动中由于患者病情异常或者患者体质特殊而发生医疗意外的，不属于医疗事故。"医疗意外是指在诊疗护理过程中，由于病情异常或患者体质特殊而发生难以预料和防范的不良后果。笔者认为此学说不能涵盖所有的医疗意外。二是"无法抗拒""不可抗力"说。该学说认为，医疗意外是指在诊疗护理工作中，由于无法抗拒的原因，导致患者出现难以预料和防范的不良后果的情况。[①] 杨立新教授认为医疗意外是指由医务人员无法预料的原因造成的，或者根据实际情况无法避免的医疗损害后果。[②] 笔者的观点是用医疗意外险分担患者的医疗风险。《健康保险管理办法》（中国银行保险监督管理委员会令 2019 年第 3 号）第二条第六款规定："本办法所称医疗意外保险，是指按照保险合同约定发生不能归责于医疗机构、医护人员责任的医疗损害，为被保险人提供保障的保险。"笔

① 徐运全．医疗事故应对与医疗纠纷调解实例［M］．呼和浩特：内蒙古人民出版社，2016：3.

② 杨立新．最高人民法院关于医疗损害责任纠纷案件司法解释理解运用与案例解读［M］．北京：中国法制出版社，2018：81.

者认为，医疗意外应当是在诊疗活动中发生的因不能归责于医疗机构、医护人员责任的医疗损害。其构成要件有三：一是损害主要发生在诊疗过程中；二是损害的发生不能归责于医院和医生；三是客观上产生了患者的损害。

二、医疗意外的具体情形

其一，并发症。例如，胆囊癌术后、梗阻性黄疸患者行胆道外引流置换术+胆道支架及碘 125 粒子条植入（肝右前叶、左内叶胆管）术后出现胆汁性腹膜炎、急性胰腺炎后，患者行左内叶胆管支架及碘 125 粒子条取出术+胆道外引流管更换术，术后出现急性肾功能衰竭，胰腺炎进一步加重，出现麻痹性肠梗阻，腹腔出血，腹膜炎，胆道、胸腹腔严重多重感染等一系列相关并发症。① 另外，并发症在牙科手术中也比较常见。拔牙后患者出现疼痛，出现干槽症的状况属于阻生齿拔除正常并发症；患者拔牙后出现下唇麻木，考虑与拔牙操作相关，也为拔牙术难以完全避免的并发症，尤其在下颌第三磨牙拔除时极易出现。

其二，医疗器械的意外故障。虽然术前医生会对相关器械进行详细检查，但是在手术过程中发生了故障，导致患者损害。

其三，患者病情复杂、疑难、严重，而且手术操作过于繁杂，难以控制病情的恶化而发生死亡。

其四，由于患者的特殊体质，术中出现过敏反应，导致患者损害。

① 本书案例如未特别注明来源，系笔者为说明相关问题拟定或根据其代理案例改编而来。

第二章　医患关系及其本质

医患关系是一种特定的社会关系，是医务工作者与患者、医院与病人及其家属之间通过临床诊疗过程所建立的社会性关系。这种关系是社会关系在特定医疗情形下的映射，是社会关系的本质反映，是社会政治、经济、文化、科学与技术等多方面关系在医患之间关系中的具体体现。医患关系的复杂性还表现在这种关系与人的生命和健康的直接关联上，当患者及其家属将健康和生命托付给医院和医务工作者之际，两者之间就形成了一种道德关系，其中蕴含着爱、善良、人性、信任、服从、交流和对话，当然也孕育了双方产生矛盾的可能性。在当代社会，这种关系还表现为一种法律关系，不可避免的种种矛盾乃至冲突只能依靠法律的力量进行强制性干预和解决。透过医患关系现象上的复杂和多态，认识和把握它的本质，是解决医患各类矛盾的认识前提，也是寻求医患关系不断向和谐方向发展的理性基础。

第一节　医患关系概念界定

作为特定的社会关系，界定医患关系必须从医患之间所表现的社会关系特性入手，全面、系统地从其社会性上揭示它的本质。一方面，医患关系反映的是社会发展特定历史阶段社会关系的形态和本质，要充分认识医患关系的动态性和历史性特征；另一方面，医患关系的道德关系、法律关系形态同样受到社会道德状况和法治环境的影响，社会道德现实状况和社会法制的发展程度是现实医患关系的重要影响因素。临床医学系统显著的社会职业特征决定了它对这种关系总体上、发展方向上的主导性。

一、“医”与“患”之所指及二者的关系

著名医史学家西格里斯特（H. E. Sigerist）在其著作《亨利·西格里斯特论医学史》中深刻地指出，“当我说，与其说医学是一门自然科学，不如说它是一门社会科学的时候，我曾经不止一次地使医学听众感到震惊。医学的目的是社会的，它的目的不仅是治疗疾病，使某个机体康复，还要使人能调整以适应他的环境，作为一个有用的社会成员。为了做到这一点，医学经常要应用科学的方法，但是最终的目的仍然是社会的。每一个医学行动始终涉及两类当事人：医生和病人，或者更广泛地说，是医学团体和社会。医学无不是这两群人之间的多方面的关系”①。西格里斯特这段话告诉我们，作为科学的医学具有双重属性，即自然属性和社会属性。因此，对医学的理解和解读不能仅限于自然科学和技术方面，还需要我们从医学人文社会科学视角广泛地认识医学和医学现象，对医患关系的认识和把握更需要建立在医学人文社会科学认识的基础上。对医患关系本质的揭示，严格意义上应当是医学哲学的认识结论，或者说从医患关系现实出发的哲学认识才可能阐明这种关系的实质。

当代中国社会的医患关系呈现趋于复杂化、矛盾多样性及总体上矛盾有所升级的态势。如何认识、把握和有效处置医患间的矛盾和冲突，成为当今社会医疗卫生领域乃至整个社会的一个难点和热点问题。从医学哲学、医学人文社会科学视域考察医患关系，分析和思考医患矛盾、冲突及处置等种种问题，不失为研究医患关系的重要视角。

认识医患关系，首先应当明确“医”究竟是什么、“患”究竟是什么的

---

① 艾钢阳等．医学论［M］．北京：科学出版社，1986：3．

问题，由此才能明确二者之间关系的性质和特征。

从医患关系视角看“医”之所指，这一概念的规定性就不单纯是把“医”限定在医学科学和技术范围，它是一个具有广阔认识视野、远远超出科学和技术范畴的概念，其内涵非常深刻和丰富。医学从属于生命科学系统，或者说生命科学的研究和技术成就在一定意义上都是服务于医学发展的。医学在生物学意义上同样也是“以人为本”的研究，只是这里的“人”主要是生物学特性的人，人的社会性特征是被省略或有意忽略的，自然生命是人之为人的生物学基础。生物学意义上“人”的概念并不具有完整的“患者”的规定性，人的生命在这样一个科学系统中只是作为医学科学的研究对象和医学技术的操作对象，尽管最终目的是为人的健康和保障人的生命质量，但是在生命科学和技术视野中的人，社会性是可以被过滤为纯粹的生物学生命的，医学的生物学特性仅仅是其特性的一个构成方面。当医学进入社会系统的视野中，医学的本性就不仅仅表现为生物性，还被赋予了人文和社会多方面的性质。特别是当医学以临床医学形态进入社会卫生事业系统的庞大而复杂的结构中时，医学就会远远超出科学和技术范畴，在社会广阔的舞台上展现它作为社会健康要素的种种特性。

医学的本质在于它是人类社会活动的构成部分。人类的社会活动是一个由经济、政治、文化等构成的庞大而复杂的系统。在这个系统中，从历史发展过程看，医学首先是作为人类认识自身的自然哲学和原始宗教形态而存在的。近代以前的医学尚不能构成真正意义上的科学和技术，只是伴随着人类对疾病的恐惧、好奇和经验性猜测形成的古代医学形态，诊治疾病也主要表现为个体医生与患者及其家属之间的关系，医学并没有形成社会建制。疾病的治疗过程基本不涉及广泛的社会关系，更多是古代走（摇铃）医、草医、巫医等走进患者家庭，被认为医术高明的古代医生可能被招纳为宫廷的御医，但是整个古代医学还处在非科学状态，医学技术也表现为简单的技艺，经验性的判断中更多夹杂的是道德的和原始宗教的观念，而且这种原始医学、宗教、道德与自然哲学浑然一体的古代医学形态，体现着古代医学形成时代固有的社会性特征。医学从诞生之时就是人类社会活动的产物，或者说医学的社会性、人文性等都是与生俱来的，这就决定了它在发展过程中必然始终处在社会关系的轴线上和生态中。

医学在近代才伴随自然哲学中各领域的分化走向独立，这个过程的主要特征是从自然哲学分化出来的医学走上了一条向纯生物医学迈进的发展道路。随着实验医学的兴起，还原论思维方式逐渐地占据医学认识的主导地位，医学的整体性被分化为不同门类，按照人体构成部分、系统、组织等采取分析方法进行纵深研究，用生命科学思想方法逐步认识疾病和身体的生理结构、致病机理、病源点和治疗方法等，形成了近代实验医学的生物学鲜明特性。也正是因为医学的科学与技术性质的逐步生成，带来了医学社会组织性的发育和扩展，医疗机构逐步发展起来，围绕医院的社会化建制规模扩大，相应的医学教育也发展起来；流行病的暴发带来了公共卫生事业的进步；工业革命在推动社会进步的同时，也带来了工人运动的蓬勃兴起，在工人阶级为争取自由、平等的斗争中，就包含为争取健康权利的斗争，社会医疗卫生体制正是这种斗争的结果之一。医学发展的生物学方向带来了医学文化从原始的自然哲学形态向科学形态的转变，生命科学在其研究领域的各层面对生命本质的揭示，一方面使人类对疾病、人体和健康的认识沿着生物学方向不断深入，另一方面形成了与医学快速的社会化进程之间的隐形矛盾。问题和道理都很简单，医学的对象到底是疾病还是病人？这一问题的提出，本质上是对近代以来医学发展方向的一种质疑和拷问。现代医患关系种种问题的出现与医学发展的这种方向选择有直接的关联。

现代医学一方面沿着生物医学方向继续发展和进步，整个生命科学对健康、疾病、生命和人体的微观认识越来越深入，从近代细胞生物学的产生到现代分子生物学在基因大分子层面对生命的研究乃至一定程度的驾驭，都为医学从科学上认识生命和从技术上操作生命不断形成新的生物学基础。另一方面，人们也同时能够感受现代医学除了在生命科学引领下在微观领域研究的不断深入外，还正在以前所未有的深度和广度向中观和宏观领域不断扩展。这种扩展不再局限于生物科学范围，而是表现为在科学技术上与其他学科和领域的交叉、边缘乃至多边结合，与人文社会科学不断走向融合，其中最显著的特征就是医学社会化和社会医学化的进程不断加快和向纵深发展。由此，医学已经开始走出近代以来生物学的单一发展方向，不断获得全方位的进步。其中，最主要的表现是作为人类社会活动的构成部分，医学不断显现对整个社会经济、政治、文化、环境等的强烈影响作用，反之亦然。这说明伴随着社会的发展和科学技术的进步，医学不断展现全新的现代形态，正在完成对近代纯生物医学模式的跨越，向现代生物、社会、心理医学模式转型。这种转型主要表现在人类基于医学本身的本质性变化而对医学认识的改变。这种新认识的主要特征就是医学已经融入了现代社会生活，或者说医学不断向社会生活回归，不再仅仅表现为纯粹的科学和技术形态，而是规模不断扩大的社会建制，是科学文化乃至包括人文文化在内的整个社会文化的重要构成部分，是社会教育和专业教育的重要领域，是社会医疗卫生体制和政策、制度体系的构成部分，也是一种特定的社会经济领域即卫生经济领域，更是需要不断更新观念和伦理标准的社会和科学道德领域。因为医学的发展深刻地影响着社会健康观念、卫生观念和生活观念，医学在一定意义上可以构成特定的社会意识形态，或者说对社会意识形态具有重要的影响，如“健康中国”的提出和实施，本质上就是从医学视角力求建立的社会意识形态，将健康问题纳入整个社会发展的规划和目标中。

也正是因为现代医学作为人的社会活动的本质，使医学不再局限于科学和技术的范畴，而是通过临床医学与患者不可分割的关系，表现为人类错综复杂的社会行为、职业行为和生活行为。医院和医生，或者说医疗机构和医务人员，不能将自己的职业行为仅仅当作一种科学和技术行为去看待，病人不仅仅是科学和技术的对象、医学作为生物个体进行研究的对象，还是与医院、医务人员具有社会性关联的群体，临床医学仅仅站在科学和技术的立场上，忽视患者作为社会性群体和个体的“人”的本质，就会带来对对象认知上的错觉，把本是有病的人简单地看作疾病，而忽略作为疾病载体的活生生的、有血有肉的、社会性的人。这是临床医学将自身建立在什么立场上的观念问题，把医疗对象视为一个人和看作一种病，是完全不同的两种认识方式和价值观念。

患者即病人，一般情况下，病人是一个个体指向的概念。但是，现代医学视野下，患者概念在很多情况下并不单纯指向和表现为病患个体。一方面，公共卫生医学意义上的患者往往是群体，虽然在诊治过程中需要单独进行临床医疗处置，但更多情况下，因为患者群体所患疾病具有相同性质，临床处置一般具有规律性可循，临床上对这类疾病的管理和医疗处置都会按照疾病的性质将患者作为一类群体来对待，所以在公共卫生事件中，患者的群体意义高于患者的个体规定性。另一方面，从医学的文化意义上看，患者概念可以被赋予家庭主义和个人主义不同的伦理色彩。中国社会是一个具有深厚家庭主义伦理传统的社会，特别是在医疗行为过程中，患者历来是被包围在家庭成员的关爱和照料所带来的与家庭成员一体化的结构中。在这一点上，与西方医疗个人主义所在医疗家庭关系中的患者地位不同，中国家庭大多在任何情况下都与作为家庭成员的患者之间形成不可分割的关系，因而在中国社会中，患者往往不仅仅是个体形态，还具有明显的群体意义。

上述分别对“医”与“患”的认识和解释，为我们在认识上确定何为“医患关系”提供了整体性视野。与对医患关系的狭义认识不同，即认为医患关系是在特定的医疗行为或活动过程中医生与患者个体间的关系不同，广义的医患关系的界定则是相对于狭义医患关系概念更能深刻反映现代医学本质及医疗行为关系实质的认识。在这种广义的医患关系认识中，医患双方作为一种人类基于生物医学科学和技术而形成的特定社会活动的共性主体，只是作为这一科学和技术活动的不同角色而存在于一个行为共同体中，共性主体的目标具有完全的一致性，即为了战胜疾病、恢复健康、延长生命过程或通过医疗手段解决人的医疗生活中某些方面的问题，如生育、美容、变性等。现代医学的社会性决定了患者在这个共同体中具有维护医患关系平衡与和谐的责任，尊重医者是患者的义务，尊重医者的前提是尊重作为科学和技术系统的医学的有限性和不确定性。医者作为这一关系中知识、技术、信息等的主导方，具有在一定条件下尊重患者权利的义务和让患者知情并获得同意再行医疗行为的义务。但是，在任何情况下，医者一方应该在挽救和保护生命的原则下无条件地运用自身的主导作用，将患者的与挽救生命相关的利益放在首位。需要指出的是，“医”不是单指医生，现代医疗是一个庞大而复杂的系统构成，在这个系统中的所有主体要素，如护理系统、诊断辅助系统、治疗辅助系统及医院管理和运行系统等的主体，共同构成医患关系意义上的“医”方主体。国务院 1994 年颁布的《医疗机构管理条例》规定，医疗机构包括医院、卫生院、疗养院、门诊部、诊所、卫生所（室）和急救站等。在这些组织中，任何成员都直接或间接与患方发生关系。同样从这样的视角来看，“患”方除上述公共卫生、家庭整体关系等规定意义之外，作为医患双方矛盾体中的一个方面，患方概念还可以扩展至包括法定监护人、患者工作单位、有关组织等与患者个体相关的诸多群体和个体。“患者”也未必就是患有疾病到医疗机构诊治的人，健康人群中也存在一部分对医学生活有需求的人，如参加正常体检者、进行产前诊断的孕妇、预防疫苗接种的儿童，以及进行婚前检查、变性手术、美容整形、医疗减肥、基因筛查、健康筛查、神经检查等的人，虽然他们作为临床医学的对象存在，但只是相对于临床医务工作者而言，被归结为患者范畴。从这样的意义上看，医患双方只是相对而言的划分。在现实生活中，患有疾病的人并不一定求医而构成医患关系，而未患疾病的人也可能求医问药而成为医患之间的特定关系者。

综上所述，当代意义上的医患关系主要是指以就医者及其家属为主的相关人群与以医院和医生为主体的医务工作者之间，由双方基于疾病治疗、健康维护及提高生命和生活质量的目的并以技术性关系为核心所结成的特定的社会关系。其特征主要是蕴含医患双方对生命和健康的寄托和希望，虽然双方目的上具有一致性，但是因为双方在这种关系中并不是所有方面的权利和地位相对对等，而且这种关系涉及双方的利益选择和价值判断，所以这种关系简单中蕴含着复杂性，各种社会要素渗透于该关系之中，隐含着矛盾发生的可能性，甚至在特定情况下会导致矛盾升级，发生冲突。因此，这是一种需要行业和社会道德规范，以及法律制度来维系的关系，也是社会文明程度和社会医学文化生态的一种折射和反映。

二、医患关系的形态及模式

医患关系可以依据不同的视角进行认识，或者说可以基于不同标准划分为若干类型。诊疗疾病、维护健康、提高生命质量和生活质量对这种关系的形成最具根本意义，可以说，这种关系所表现的任何关系形态都是医患双方基于此引申或衍生的关系。因此，我们可以根据与诊治疾病有无直接关联，把医患关系划分为既有区别又有联系的两种关系，即医患技术关系和非技术关系，也可以认为是医患内部关系和医患外部关系。

医患技术关系是指在医疗技术活动中，医生与患者之间直接形成的以医疗过程为轴心、以医学技术手段在这个过程中的采用与围绕其构成的医疗行为系统运行为基本方式的特定关系。这个过程主要表现为基于双方对话、交流和医疗实际行为而形成的诊治方案的选择、确定和实施。这一过程看似简单，患者看医生，医生诊治疾病（本质上是看病人），但实际上这种看似简单的关系蕴含和折射着人与人之间复杂的社会关系，甚至可以说是社会关系在医疗行为过程中的一个缩影。当然，复杂的关系也可以简单化处理，但是简单化处理复杂关系是有条件的，并不是所有这类关系都可以归于简单化。这是因为医疗技术关系的形成，所包含的因素和要素十分复杂，因而由这些要素构成的关系结构也就不可能十分简单。

关系的复杂性，一方面源于疾病的复杂性带来的医疗处置过程的复杂性。在这一技术关系中，医方从医院管理到医生具体诊疗的各方面要素的综合运行，使医患关系并不单纯表现为医生与患者双方个体之间的关系。医生根据临床医学标准、要求和个人的诊治经验对患者提出的诊断治疗建议，需要在尊重患者及其家属医疗权利的基础上进行，所以临床诊疗知情同意环节往往成为医患关系的核心问题。其中，可能因为对疾病本身及诊断治疗手段的选择存在专业知识和信息上的不对称而出现矛盾。医学技术关系随时会与非技术关系发生转化，所以医患技术关系的复杂性还表现在另一方面，即这种关系不单纯是患者与医生之间的关系，还是形成与以医生为核心的医疗机构多方面的关系，如果说患者与医生之间的技术关系还占有重要地位，那么与医疗机构之间的关系则更多表现为非医疗技术关系。即便是在患者与医生之间的医疗技术关系中，也蕴含着非技术的种种关系形态，如经济关系、道德关系、法律关系乃至政治关系等。

所谓非技术关系，指的是在医疗活动过程中，医生与患者基于技术关系，以及受政治、经济、文化、心理等多方面非技术因素的深刻影响，形成的道德关系、经济关系、价值关系、法律关系、文化关系等。医患关系的非技术方面是医患关系中的重要方面，这一关系形态构成医患关系从技术关系向社会关系的广泛延伸，对医患关系的质量、状况和和谐程度等产生了重要影响。

基于医患之间的技术关系，以及由此构成的各种要素，国内外学者根据医务人员与患者之间的不同地位、角色、权利和责任等，将医患关系划分为不同的基本形式，即医患关系模式。目前，国际上在对医患关系研究所形成的相关理论中，关于医患关系模式的阐述主要包括“萨斯-荷伦德”(Szase-Hollender)、“维奇”（Robert. M. Veatch)、“萨奇曼”（Edward Allen Suchman)、“布朗斯坦”（J. J. Braunstein）和“伊曼纽尔”（Emanuel E. J.）等模式。这些医患关系模式是基于对国外医疗实践中的经验所形成的认识结论。医患关系在技术关系层面具有一定的普遍性规律，但是这种普遍性在不同的医学文化环境、社会发展水平、社会医疗体制、社会整体健康水平等大背景下会表现为特殊形态。将这些模式及其相关理论本土化，与中国的医患关系现状和实际紧密结合起来，才能在处理医患关系问题的实践中体现其价值和意义。

萨斯-荷伦德医患关系模式是美国学者萨斯（Szase T. S.）与荷伦德（Hollender M. H.）在1956年发表的《医患关系的基本模式》中提出的。他们认为患者病情的严重程度是影响医患在诊断治疗过程中各自主动性的最重要因素。他们主要从医患关系中双方的主动性程度进行考量，作为考察医患关系模式的视角。这篇文章将医患关系模式概括为三种类型，即主动—被动型、指导—合作型和共同参与型。

“主动—被动型”医患关系模式是临床医疗实践中逐步形成的一种传统模式类型。在这种模式中，医患双方在知识、选择和决策的作用上并不处于对等或平等地位，医方处在主动地位，病人被动接受诊断和治疗，双方的交流只限于医方的问诊和将个人依据专业知识形成的判断向患方的描述和告知，患者极少获得选择和决策的机会，诊断治疗方案的确定基本上是由医方单独作出的。这是一种典型的医方权利支配型的模式，病人的权利不能得到充分尊重和必要运用。但是，这种模式的形成有其医学发展水平不断加快与医学知识社会性普及之间的矛盾引发的必然性，患方在医患关系中能够形成主动性的前提是能够对自身所患疾病及诊断、治疗的基本知识有所了解，并且能够根据所掌握的知识选择合理的诊断治疗决策。

“指导—合作型”医患关系模式被认为是现代医患关系的基本模式。患者的自主性受到重视，医生在诊断治疗过程中具有指导病人及其家属选择诊疗方式和知晓治疗结果的义务。医患双方的主动性在这种模式中具有统一性体现，医生要通过与患者及其家属的交流，主动完成指导意义上的对诊断、治疗思路和方案的解释和传达，患方的主动性则主要表现在对医生的积极配合上，尊重医生的意见和建议，对医生的诊断结论和治疗方案的确定可以主动质询，但是总体上还是以医生的临床判断为确定性结论，患方不提出异议或反对意见。患者及其家属与医方的合作意味着其在整个医疗过程中并不完全处在被动接受地位，而是完全尊重医方的诊断和治疗意

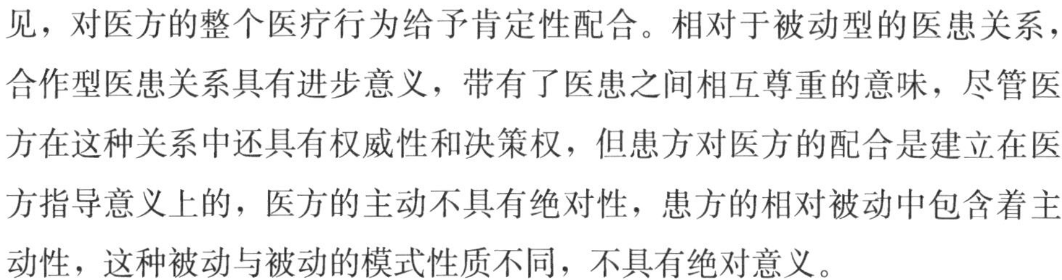

见，对医方的整个医疗行为给予肯定性配合。相对于被动型的医患关系，合作型医患关系具有进步意义，带有了医患之间相互尊重的意味，尽管医方在这种关系中还具有权威性和决策权，但患方对医方的配合是建立在医方指导意义上的，医方的主动不具有绝对性，患方的相对被动中包含着主动性，这种被动与被动的模式性质不同，不具有绝对意义。

“共同参与型”的医患关系模式是现代医患关系在演进中表现的一种趋势。这种关系形成的基础是现代社会成员整体受教育程度的提高，特别是医学社会化和社会医学化趋势逐渐形成，医学常识的普及和健康教育的增强，其结果是“知识型病人”不断增多、社会政治权利意识向医学领域的延伸、与权利意识联系在一起的患者的自主意识不断提升，虽然依赖临床医学及医生和医院作为战胜疾病、维护健康的平台和主体，但是对自己生命负责的健康理念和生活理念成为形成新型医患关系模式的思想基础。部分患者及其家属能够依赖对自己所患疾病及诊断、治疗的常识乃至专业知识一定程度的认识和把握，这就有了患者参与诊断治疗的可能，至少可以比较准确地提供比较详尽的症状感受和个人的初步判断，提示和帮助医生作出相对准确的诊断。在诊断治疗过程中，患方积极参与其中，并非简单地处于被动接受诊断结论和治疗方案的地位，而是与医生形成对话关系。患者可以根据个人感受和对相关医学知识的把握，陈述个人的看法和建议，因为这种看法是基于个人症状的实际感受，对医生的判断具有指向性、针对性和可参考性。医患在医疗过程中建立的这种对话和交流关系，对建立良好的医患信任关系具有重要意义。

上述萨斯-荷伦德医患关系的几种类型，一是对医患关系的阐释仅限于临床诊断、治疗过程中医患之间交流的意义上；二是将医患之间交流和对话的整体或全过程分解为三种类型，这三种类型在现实的医患沟通中可能是相互交叉和并用的。尽管这种分析可能是基于医患关系历史发展进程的分析，但是医患关系模式的形成不仅仅局限于临床诊断治疗具体行为过程，这一关系还蕴含着特定社会历史发展阶段中人与人的关系、医学与人的关系、社会与人的关系的特征，是社会关系的一种折射和反映，是社会关系在医患关系中的一种延伸。尽管医疗行为过程往往表现为具体行为过程，但也同样是社会关系形态的特定表现，任何医患关系不可能是脱离社会关系本质的一种关系。

美国学者罗伯特·维奇（Robert M. Veatch）对医患关系的分析具有对这一社会关系本质认识的意味。他对医患关系模式的分类是建立在社会关系与医患关系关联意义上的。他把医患关系模式分为“工程模式、权威模式、合作模式和契约模式”四种类型。“工程模式”即纯技术模式，医生与患者之间是一种纯粹的技术性关系，医生在这种关系中的角色是根据病人病情的检查结果完成对病人病情的事实陈述，也就是将有关病情的事实提供给病人，据此提出临床解决方案和预后的可能性意见，病人对事实的接受也就意味着接受医生所提供的解决方案。医生与患者之间的关系是建立在这种对事实的技术性判断基础上的。这一模式是在医患关系任何发展阶段都占一定地位的模式，因为医患之间的关系首先是一种技术性关系，这是这种关系的基础性关系。“权威模式”也被称为传教士模式或家长模式。在这种模式中，医生的角色是传教士、家长，对病人及病情的判断和诊疗方案的制定具有权威性。医生对患者具有作出医学决定的权利，这种权利中实际上也包含了道德权利。病人在这个决策过程中不具有自主权，服从医生的权威性是病人唯一的选择。在一个特定的医学行为过程中，医患双方对这种权威模式的形成都负有责任，打破绝对权威和绝对服从都需要双方主体确立伦理上的平等意识和权利意识。“合作模式”同样是维奇模式的一种形式，这种模式也被称为同事模式。这种模式确立的基础在于医患双方目的和目标的统一性和一致性，双方的平等意识和相互尊重成为这种模式的道德基础，双方的信念具有共通性，所以更容易建立共同战胜疾病的信心。在合作意识支配下的医疗行为过程中，双方能够像共同工作的同事一样相互配合、互相商量、和谐相处。“契约模式”是所有模式中最具社会性意义的一种认识。这种关系表明的是医患关系被作为一种双方的约

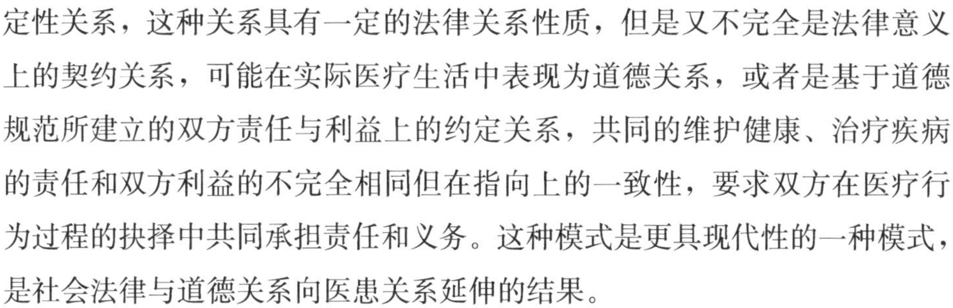

定性关系，这种关系具有一定的法律关系性质，但是又不完全是法律意义上的契约关系，可能在实际医疗生活中表现为道德关系，或者是基于道德规范所建立的双方责任与利益上的约定关系，共同的维护健康、治疗疾病的责任和双方利益的不完全相同但在指向上的一致性，要求双方在医疗行为过程的抉择中共同承担责任和义务。这种模式是更具现代性的一种模式，是社会法律与道德关系向医患关系延伸的结果。

美国学者布朗斯坦（J. J. Braunstein）在他的《行为主义科学在医学中的应用》一书中，阐述了他对医患关系模式的分析，认为医患关系模式从行为主义科学角度可被分为两种，一种是传统医患关系模式，另一种是人道医患关系模式。所谓传统的医患关系模式，是指在医患双方的关系中，医生的权威性具有绝对意义，患者在这种关系中不具有任何决定权，为病人作出诊断治疗等决定的是医生，患者所能做的就是服从和执行。人道模式是与传统模式本质不同的一种模式，这种模式的特点在于使医患双方之间的关系超越了诊疗关系的局限，从对人的疾病的关注转向对患病的人的关注，把对患者意志与权利的尊重放到首位，除在临床诊断、治疗过程中建立对疾病的生物学认识之外，更重要的是将患有各种疾病的人作为一个整体去认识和看待，重视患者生物特性之外的心理、社会等因素对其健康的影响。人道主义在医患关系中被体现在所有环节上，本质上是医患双方通过医疗过程进行充分的交流和对话，病人积极参与这个过程并被赋予一定程度的决策权、建议权和发言权。在这种模式中，医患双方在目标一致的前提下都因为被赋予了同等权利而必须担负相应的责任。医生在这一关系模式中并不是完全处于决策者地位，而是教育者、引导者和健康顾问。

萨奇曼（Edward Allen Suchman）模式本质上是一种基于社会心理学所提倡建构的医患关系模式，也有人将这种模式看作疾病和医疗照顾行为模式。萨奇曼通过对病人作出的“寻求、发现和进行医疗照顾”有关决定过程和类型的深入观察和研究，认为病人从患病到治愈的整个（事件）过程一般会被分为五个相对不同的阶段：一是体验症状阶段；二是接受患病角色阶段；三是接触医疗照顾阶段；四是依靠医生的患病角色阶段；五是痊愈或康复阶段。在这样连续的、病人的心理反应又明显不同的各个阶段中，实际上都是病人作出选择的过程，一方面是病人寻求合适的帮助，另一方面是根据情况在疾病行为过程中不断作出决定。在每一个阶段，病人都是在选择的同时作出判断、决策和采取不同的行为方式。发病之后，病人往往有一个自我患病体验的评价过程。这个过程既是病人依据症状对疾病的自我理解过程，也是开始作出治疗选择的过程。一方面，需要权衡诊治资源的可及性和可能性；另一方面，对治疗效果作出一种先验性预期。这些选择本质上都是一种心理反应，个人的感受、个人的经验、个人的医学倾向等决定了病人对健康、疾病的状态所作出的反应。正是基于对患者群体所具有的这种心理状态的分析，注重医患双方在医疗过程中的互动作用是这一模式的突出特征。在发病和诊疗的选择过程中，病人的心理往往处在一种主动和自觉选择的状态中，这种心理是基于尽早选择治疗和尽快痊愈的主动寻求和实现医疗关照，是一种积极参与医疗过程的心理需求和行为表现。这正是医务人员需要的和应当积极配合的一种心理状态，了解和理解病人的这种心理，作为医方就应顺势而为，尊重病人的选择和权利，尽最大可能满足病人的意愿，帮助和引导病人，并且与病人建立良好的交流、对话与交往关系。

伊曼纽尔（Emanuel E. J.）对医患关系模式形态所做的划分是依据构成医患关系的要素所形成的医患关系不同结构意义上的一种认识。这种从系统结构构成视角对医患关系模式的分类，基本上概括了目前临床上医患关系模式的各种类型。一是信息模式。在这种模式中，患者是具有一定医学和健康知识的群体，他们对疾病及治疗的信息有一定程度的了解甚至理解。正是基于这样的医学和健康知识基础，患者对医生的选择具有主动性和自觉性。在这种基础上形成的医患关系中，医生所扮演的是医疗技术专家的角色，与患者的沟通更容易形成平等关系，而不是在一般相关的疾病和诊治信息上占有优势，他们所具有的优势主要是医疗经验和医学技能。

这种医患关系是基于医患技术关系的一种高级模式。之所以被认为是高级模式，是因为这种模式在一定意义上讲是理想化的医患关系模式，在这种模式下一般不会发生医患矛盾和纠纷，因为它不仅取决于患者具有一定的医疗卫生知识和医生具有较高的医疗技术水平，还在于双方一般都具有良好的人文素养和社会交往能力，都能够在这种素养的支配下进行顺畅、有效的沟通。这种医患关系模式的真正形成还需要社会政治、经济、文化等多方面的社会环境更加成熟，世界发达国家的医患关系在多种因素综合作用下一般具有这种关系类型特征。二是商议、对话模式。这本质上是一种以医患信任为前提的关系模式。在这种模式中，患者通过与医生进行开放式讨论，不断加深对疾病、治疗信息利弊的认识，医患之间是一种朋友关系。这是医患关系的次高级模式，其真正构成需要患者具有一定的文化素养和医学知识认知能力和水平，医生具备依托医学道德基础形成的人际交往能力，最重要的是在对待患者及其家属要具有平等观念和人格魅力。三是解释型模式。这种模式是基于医患之间信息和知识不对称形成的咨询与请教模式。在这种模式中，患者对个人所患疾病的相关信息基本上不了解，甚至理解能力也存在一定障碍，医生想把相关信息有效传达给患者也存在某种困难。因此，医生提供给患者及其家属的往往是可供选择的多个相关诊治方案。医生虽力求向患者阐明和解释治疗方案、提供医疗信息，但是患者因为文化素养和知识水平受限，诊断治疗方案的选择能力也会十分有限。因此，主动权往往是一种现实赋予，诊断治疗基本上都是由医生作出并付诸实施。在这种模式中，医生的角色是患者的顾问或劝告者。此为医患技术关系的较低级模型，因为医患双方在信息有效传达和患者接受能力上存在选择困难，自然削弱了患者的主动权和自主权。四是家长式。在这种模式中，医师应成为医疗监护人。患者对疾病、治疗信息几乎一无所知，但又要求医生与自己对治疗方案有共同的标准。此为医患技术关系的低级模型。由于患者不懂或不敢向医生提出合理要求，故需要医生具有家长式的慈爱和关怀，敢于为患者做重大医疗决策，而且具有一定承受医疗风险、化解医疗风险的能力。

上述西方学者对医患关系类型的划分，一方面是基于现代医学在发达国家发展水平及其临床实践的一种认识结论，一定程度上也是西方发达国家医患关系实际的反映；另一方面，这些模式的划分仅仅只是一种认识结论，这些结论是一般性分析的结果，而具体的医患关系问题是十分复杂和多样化的，甚至可以说任何具体的医患关系之间都可能产生一种基于疾病、医疗技术和双方主体特性的不同的关系形态。但是，西方学者对医患关系所做的技术性关系和非技术性关系的相对划分并非没有意义。医患关系是基于医学技术及其临床实施过程所形成的一种关系，因为这种关系包含了非技术的太多因素，或者说非技术的关系必然渗透和参与到技术性关系中来，所以认识医患关系问题就必须具有广阔的社会性视野，不能局限在医学技术方面看待这种关系，忽视这种基于技术又超越技术的关系的复杂性。只有全社会建立对这种关系的全面性、系统性和完整性认识，才可能真正找到解决这种关系矛盾的出发点和落脚点，才能将和谐医患关系与医学发展进程有机统一起来。

三、医患关系的特性

如果我们确认医患关系就是人与人之间一种特定的社会关系，从这样一种对医患关系实质性定位去认识和看待这种关系，并且以此作为设计和处理医患关系的根据和出发点，就需要我们思考和认识这种关系到底具有哪些方面的特点。医患关系的这些特征既是医患关系作为特定人际关系的依据，又是医患关系区别于一般社会关系的独特性或特殊性表现。认识和区别这些特征，有助于我们深入把握医患关系的本质，了解这种关系所特有的规定性。

（一）医患关系的技术性

可以说没有医学的存在和发展，就不可能产生以此为核心或围绕这种技术性所规定的医患关系。从医患关系形成意义上看，医学技术本质上是

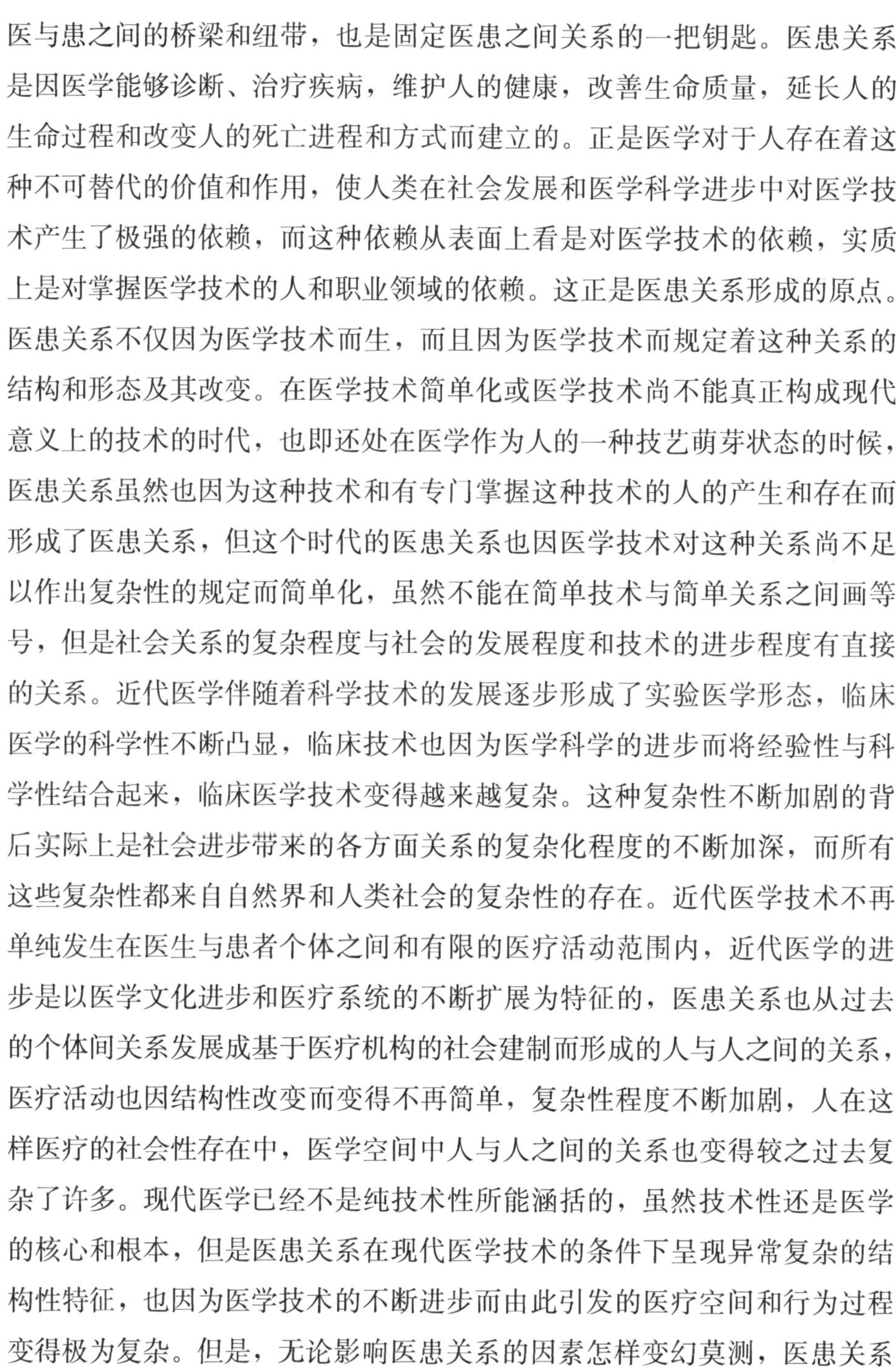

医与患之间的桥梁和纽带，也是固定医患之间关系的一把钥匙。医患关系是因医学能够诊断、治疗疾病，维护人的健康，改善生命质量，延长人的生命过程和改变人的死亡进程和方式而建立的。正是医学对于人存在着这种不可替代的价值和作用，使人类在社会发展和医学科学进步中对医学技术产生了极强的依赖，而这种依赖从表面上看是对医学技术的依赖，实质上是对掌握医学技术的人和职业领域的依赖。这正是医患关系形成的原点。医患关系不仅因为医学技术而生，而且因为医学技术而规定着这种关系的结构和形态及其改变。在医学技术简单化或医学技术尚不能真正构成现代意义上的技术的时代，也即还处在医学作为人的一种技艺萌芽状态的时候，医患关系虽然也因为这种技术和有专门掌握这种技术的人的产生和存在而形成了医患关系，但这个时代的医患关系也因医学技术对这种关系尚不足以作出复杂性的规定而简单化，虽然不能在简单技术与简单关系之间画等号，但是社会关系的复杂程度与社会的发展程度和技术的进步程度有直接的关系。近代医学伴随着科学技术的发展逐步形成了实验医学形态，临床医学的科学性不断凸显，临床技术也因为医学科学的进步而将经验性与科学性结合起来，临床医学技术变得越来越复杂。这种复杂性不断加剧的背后实际上是社会进步带来的各方面关系的复杂化程度的不断加深，而所有这些复杂性都来自自然界和人类社会的复杂性的存在。近代医学技术不再单纯发生在医生与患者个体之间和有限的医疗活动范围内，近代医学的进步是以医学文化进步和医疗系统的不断扩展为特征的，医患关系也从过去的个体间关系发展成基于医疗机构的社会建制而形成的人与人之间的关系，医疗活动也因结构性改变而变得不再简单，复杂性程度不断加剧，人在这样医疗的社会性存在中，医学空间中人与人之间的关系也变得较之过去复杂了许多。现代医学已经不是纯技术性所能涵括的，虽然技术性还是医学的核心和根本，但是医患关系在现代医学技术的条件下呈现异常复杂的结构性特征，也因为医学技术的不断进步而由此引发的医疗空间和行为过程变得极为复杂。但是，无论影响医患关系的因素怎样变幻莫测，医患关系的结构性改变有多么错综复杂，医患关系的技术性始终是规定这种关系的基本要素，医学技术是统摄这种关系的核心要素。

（二）医患之间的人际关系特性

上述医学技术关系是形成医患关系的核心要素，但医患关系又不是仅表现为医生依靠医疗技术对疾病的诊治过程和行为，而是体现为在这个过程和行为中与患者之间形成的人际关系，这种人与人的关系才是临床活动过程中超越技术性关系的根本关系。疾病是一种自然现象，无论致病因素是什么和多么复杂，最终对人体的伤害和对生命的威胁都会体现为生物学现象。而战胜疾病和维护生命的临床医学面对的首先是病人而不单纯是疾病，疾病是发生在人体上的，在医学研究中可以将疾病与人体分离开来，但在诊治疾病的过程中，发生疾病的人即患者应当被作为一个整体来对待。医生不能像修理工对待机器那样对待患者，因为他们是具有完整性的、大写的、作为某种疾病载体的人。

医生对待患者是人对人的关系，而不是人对物的关系，不是人对疾病现象的关系。医生对患者需要确立这样的认识，患者对医生同样也要有这种观念。一般来说，医生对患者可能会因为种种原因忽视疾病与人的关系，这也就是现代医学强调医学整体性和人文性的原因；患者对医生的态度似乎比较容易被认为是人与人之间的关系，患者不可能将医生作为事物或现象来对待。

事实上，医患关系的技术规定性会带给双方在对关系认知上的不确定性乃至错觉，因为在技术关系中地位的不对等，患者对与医生关系的认识和把握并不一定能够自然成为寻常的人际关系，医生在患者与其关系的认知中可能会超越一般的人际关系，带上由技术地位不对等导致的多重性。因此，医患关系首先是人与人之间的关系，即人际关系，同样也是人与人之间的交往关系，但是因为这种关系发生在医疗过程的空间和时间范围内，发生在医生职业行为和患者因疾病缠身的痛苦乃至生命垂危的特殊时刻，这种人与人之间的关系就带有了特殊规定性。只有这样看待这种人际关系，才能够使医患双方都能认识到特殊时段所建立的这种关系需要用特殊的方式去对待。这就要求医方在与患方打交道时，把患者看成有思想、有情感、有体验、有情绪的人，而且因为疾病对他身体的干扰乃至折磨会导致他们正常的心理和情绪有所改变，就医过程本质上是一种信任和期待的过程，甚至患者期望医生能像亲人一样对待他们，诊治是一方面的医疗行为，安慰和关怀则是处在危难中的病人更需要获得的心理需求。因此，医生不应当按照正常的人与人交往的标准和要求去对待患者，而是需要超越这种关系给予他们更多的心灵慰藉和人性关爱。同样，患者及其家属一定要充分认识医生诊治疾病是一种职业行为，职业行为过程是有自身特殊规律和规范的行为过程，这个过程在技术性的主导下，人际关系的很多环节、习惯和方式会被过滤掉，或者融入职业行为的规范中。医生在职业行为过程中并不能将自己完全以一个日常生活中的人的样态活跃在职业领域，职业行为规范、职业精神和医疗对象及其疾病的状况决定了他们行为选择的方式和路径。作为一种职业行为过程中的人际交往关系，因为这种关系在空间上和时间上都具有特定性，需要医患之间共同维护这种特定的人与人之间的关系。

良好的交往和真诚的情感互动对建立相互间的信任关系、消除医患间的矛盾和不理解甚至纠纷有着重要意义。早在100多年前的美国医生特鲁多的墓碑上就刻有的“To Cure Sometimes，To Relieve Often，To Comfort Always”（偶尔治愈，常常帮助，总是安慰），主要是告诉医生如何与患者进行交往，在临床中对病人的关爱和情绪上的安抚不仅是治病的良方，还是预防医患纠纷、改善医患关系的良方。作为患者理解这句话时，同样要认识到医学技术的有限性和医学职业的博大人文胸怀。

（三）医患关系的社会性

医患关系的医学技术规定性和它的人际关系规定性，最终都归集于医患关系的社会性。医患关系始于技术的规定，表现为人际关系，而所有这些方面的关系都是社会关系的表现形式，医患关系的社会性才是这种关系的本质。所谓医患关系的社会性，主要是指医患关系虽然形成于医疗实践过程中，主要是在临床诊疗中建立的一种特定关系，但是这种关系在本质上则是超出医疗实践范围的一种社会性关系。换句话说，医患关系形成于医疗领域，但是影响和作用于这种关系的则是综合性的社会因素。可以说，这种社会性因素在整个医患关系的形成中无所不在、无时不有。且不谈医患之间本身就是一种特定的人与人之间的关系，就是社会关系的特定形式，在这一点上也是毋庸置疑的。一般来说，患者与医者之间本来是一种陌生人的关系，患者因为患病（或者生育、美容等非疾病状态，但是需要医学处置）才通过医院（医疗机构）与医生（医务人员）产生关系，这是由疾病发生在患者身上发端的又要通过医疗过程建立的人与人之间的关系，一经建立，就同时被赋予各种社会特性，如首先形成患者与医院的经济关系，而代表医院与患者直接打交道的则是医务工作者，这种经济关系的背后或与这种表面上的经济关系直接关联的首先是二者之间的技术关系，这种技术关系中又同样隐含多方面的关系，如医学信息交互性关系、医学伦理关系等。因此，医患关系本质上是一个关系系统，各种关系表现了层次性和叠加性。实际上，虽然经济关系在一般意义上具有根本性，但我国医疗卫生事业的公益性又决定了这种关系的“人性”特征，“以人为本”会让经济关系在救死扶伤的道德义务面前退居次要地位，在人的生命、健康与金钱的选择上，经济关系应当让位于道德关系。正是因为在有些情况下有些人（包括患者和医务工作者）没能恰当、合理地处理这种关系，才导致医患矛盾的出现。

社会关系的复杂性会直接折射到医患关系上。可以说，社会关系有多少种情形和怎样的关系结构，医患关系就会以特定的主体间关系表现为什么样的情形和特定形态。甚至因为这种关系中具有一般关系所没有的技术关系、健康与生命的托付关系、特定的信任关系等，带来更加复杂的关系特性。因此，一个社会的文化传统、文明程度和道德关系状况直接影响医患关系的和谐程度。从这样的意义上说，社会财富的多寡与医患关系的和谐程度没有必然的联系，医患关系的和谐与患者拥有的财富状况无关，也与医疗机构的技术水平、硬件状况、发展规模等无关，而与医院文化、医务工作者的道德水平和境界、患者的文明程度等因素有直接的关系。在特定的医患关系中，本质上所体现的就是一种社会关系，或者医患之间所处的医疗行为过程就是一个特定形态的微型社会缩影，社会各种关系在这个过程中表现得淋漓尽致。不能认识到这一点，或者不以这样的眼光去认识和看待医患关系，就会对医患关系的复杂性缺乏必要的认识。

（四）医患关系的平等性

由于医患关系中蕴含着医学技术性特征，从表面上看，医患之间除了在人格上处在平等社会地位外，似乎由这种技术性所决定的任何其他方面都可能处在一种无法平等的状态。这主要是因为人们所看到的在对病人的诊疗过程中，医生往往多处于主导地位，病人多处于服从地位，人们会认为医患关系因为这种技术性关系必然导致不平等，甚至会认为不平等是绝对的，平等只是相对的。如果我们承认医患之间的关系是一种特定的社会关系，就应该承认人与人之间的社会平等地位，医患之间的平等也不例外。只是我们需要对医患之间的平等做实事求是的考察和认识，这种平等有其因为技术性关系所决定的特殊性，医患平等会表现为特殊形态，而并不是在这种关系中无需平等，或者没有追求平等的必要。我们还应当看到，在现代医疗实践中，医患之间可能因为经济、政治等社会地位的差异而出现一定情况下的“差等”，“差等”情况正是社会平等的非绝对性所必然产生的一种平等的相对性。这种“差等”在医患关系中不应表现在对人的生命的态度上，对生命的一视同仁是医患关系不可逾越的道德信条和基本境界；但是，因为人的社会地位的不同，患者所得到的医疗资源和诊疗条件会存在差异，从医方所获得的待遇也会有所不同。这种差异一定会在医患关系上具有特殊表现，然而医患之间存在差等并不意味着一定会出现对一般患者的不公平。

考察医患关系史不难发现，医患之间因为技术关系所造成的不平等是具有历史性的，也是特定职业领域演进过程中的必然阶段。疾病比人类更古老，人类没有出现，疾病已经先于人类出现在这个星球上，所以人类在漫长的进化过程中一直与疾病相伴相随。当人类对自身、对身体与外界的关系有了认识的时候，就意味着医学萌芽了。面对疾病缠身、病痛折磨及死亡威胁，人类在不知所措的同时，也不断从原始经验中寻求减少痛苦、抗争病魔的方法。历史上的巫医虽然不构成真正意义上的医者，但是从历史学角度来看，那个时代已经开始出现带有职业性质的原始形态的“医（巫）师”，因而也会形成特定时代和特定主体的医患关系。伴随着人类认识能力的提升和古代医学的发展，草药和其他各类原始药物成为医患之间最主要的桥梁，应该说医患之间的不平等关系正是随着医学作为职业的出现而逐渐形成的。其开始主要表现为医学知识的专门化所导致的医与患之间知识上的不对等，伴随着医学的发展，这种知识上的不对等逐渐转化为技术上越来越大的落差。医生职业也伴随着近代医学的发展不断走向成熟，医学教育的兴起、医生职业不断得以强化，医患关系也从医患之间的个体关系演化为医生职业群体与患者及其家属群体的关系，医患关系的社会化程度空前上升，这种关系的复杂程度也因为社会因素的深刻影响而不断加深。

现代医学背景下的医患关系在技术关系意义上更是达到了前所未有的专业化程度，技术认知和运用上的双方平等是不可能实现的。也正是因为现代医学的这种高速发展和医学高技术的不断涌现，使医患关系在技术的质变中悄然发生了本质性改变，并不是技术因素直接成为医患关系发生变化的原因，而是技术因素带来的整个医学形态和本质的改变必然引致医学领域与社会多方面关系的调整。医学的社会化和社会医学化程度都迅速提升，医生的社会地位伴随着社会经济、政治的变革而发生改变，医学文化比医学史上任何一个阶段更加具有独立性和职业特性。患者作为社会成员的构成部分也不再俯首听命于医学技术和医生一家之言，健康知识的传播和各种现代信息手段为他们提供了太多的对医学常识甚至专业知识的了解机会。受社会权利运动、自由主义和个人主义思想观念的强烈影响，患者也更加关注个人权利。如此种种，因为医学技术进步带来的医患之间已经出现的鸿沟形成了医生高高在上的倾向，医疗实践中的地位差异引发有些医生忽视病人的权利和缺乏对患者人格的尊重。最大的问题还在于人类通过技术手段对疾病的认识能力不断增强，疾病的本质不断被揭示，疾病的分类不断被细化，医生专业细分学科，其结果带来了医学对人的整体性的遗忘、对多样性疾病的重视，临床上见病不见人的倾向不断加剧，当患者在很多情况下不能被作为人来看待，只是作为疾病的载体来对待的时候，医患关系的性质悄然发生了改变。这种改变对医方可能是无意识的，而对患方则是不断亲身感受的，所以在历史上出现轰轰烈烈的病人权利运动就不足为怪了。早在 18 世纪 90 年代的法国大革命时期，法国便出现了病人权利运动，当时主要是围绕着健康权问题。当时以介洛汀（Guiuotin）博士为主席的健康委员会和以罗彻福科德·连科特（Rochefoucauld Liancourt）为主的穷人委员会称法国同胞都享有平等权，在及时、免费、稳妥、全面的医疗方面应被一视同仁。20 世纪后的美国发生了影响范围更大的病人权利运动，成为美国 1973 年制定《病人权利法案》的直接推动力。进入 20 世纪 90 年代后，病人权利运动涉及更多的国家和地区，欧美其他国家、亚洲国家也积极参与进来。例如，日本于 1991 年举行病人权利国际会议。世界上的一些国家将现代病人的权利归纳为医疗保障权、知情权、同意权、隐私权、求偿权、医疗文件收取权、人格尊严权、监督权、批评权、建议权等，都体现着医患关系的平等性。

传统的医患关系是医生凭借掌握的医疗技术而具有权威性，而病人对其只能绝对服从。但是，随着医学的发展和社会的进步，在当前医患关系中，医务工作者的权威持续下降，病人的权利却在持续提高。当前，医疗活动逐步由单纯的医生治疗演变为医患共同决策。在进行诊治时，病人并非被动的接受体，而是在获得知情权的基础上，主动参与并配合医生的治疗活动。在诊治疾病的过程中，医患之间的关系变得愈来愈民主化、平等化。医患关系作为一种特殊的人际关系体现了医患双方在医疗活动中的相互依赖和平等。

（五）医患关系的双向互动性

从历史上看，医患关系的产生源于医生社会职业的产生而致医患双方的分立与互动。现实中也是因为患方的求医行为获得医方的应答，有了双方信息的沟通和互动，医患关系才得以建立和发生发展的。医患关系既产生于医疗实践中的医方与患方间的互动，医患关系的性质与状况也取决于医患双方的态度与努力程度，需要医患双方共同去维护。和谐医患关系的建立不仅要靠科学的医疗方案和技术支撑，更需要医生对患者的人文关照及患者对医生的尊重与配合。患者在医生的指导和帮助下，调动自己的主观能动性和正能量，一起战胜疾病。这种双向作用的医患关系有利于医疗质量的提高。

第二节　医患关系的历史演进

改革开放以来，伴随着中国社会的转型和医疗卫生保障制度改革的推进，患者维权意识不断提高，医患之间的一些矛盾问题凸显，医患冲突时有发生，虽因恶性个案的增多，双方关系确有恶化之倾向，但医患关系总体上还是处在一种正常和良好的状态。医患关系不是一成不变的，纵观中外医疗实践活动发展的历程，不同的社会环境孕育着不同的医患关系，它们深受那个时代的经济、宗教、哲学尤其是科学技术的影响。我们分析医学不同发展时期的医患关系特点，就能更好地洞悉医患关系的历史演进过程，就能更好地理解中国医患关系的发展状况。

一、古代医患关系的特点

自从原始社会末期和奴隶社会早期巫与医的分离，医生成为一种独立的社会职业以后，医患关系就作为一种相对独立的社会关系而受到重视，并且随着社会制度、经济、道德观念、科学文化和医学科学的发展而发展。

古代医学是经验医学，科学技术也处于经验科学阶段，对包括人体在内的自然现象的研究更多的是靠直观观察和思辨，科学并没从人类的哲学认识系统中独立出来，它被包摄于自然哲学之中。在当时的知识体系结构中，古代哲学处于知识的最高层级，具有统领整个知识体系的作用，所以后来人们将这一时期的医学模式概括为自然哲学医学模式。古代医学所处的经济社会环境属于人类早期农耕文明阶段，社会发展较缓慢，总体上人类尚处在为生存而劳作的时段，人们之间的关系更多的是以家庭、家族为单位的实践活动而形成的，因而社会关系也相对稳定单一。古代社会发展水平和古代医学的发展程度决定了那个时期医患关系的诸多特点。

其一，个体间的关系是古代医患关系的主要特征。因为古代医学不是社会性建制，个体行医是主要的活动方式。古代医生是靠经验、摸索和传承积累诊疗技艺，以走家串户的方式给病人看病。其与病人之间的交往模式是个体对个体的交往，双方自愿，地位平等。患方一般有家庭的参与，但是医患双方交往的社会属性不会同政治关系、经济关系那样有过多的利益关联。古代医生自发形成了一些行医的道德规则，但是因为利益的驱使，也会有庸医行骗。那个时代的医患关系因为大多是个体间的关系，所以关系清晰而简单。

其二，古代医患关系表现为一种直接性关系。古代医学是纯粹的经验医学，医生获取病情，作出诊断，施行治疗，都是由医生直接面对病人采用某些特定的方式，如通过“望、闻、问、切”来进行。但有时也因为传统礼教“男女授受不亲”的约束，男性医生给女病人进行病情诊断时往往隔着某种屏障。

其三，古代医患关系具有稳定性特征。由于当时医生数量很少，基本上没有医学的分科，古代医生都是“全科”医生（可能在某些方面更擅长），因而往往一个医生对自己的特定病人的疾病能够通过较长时间的交往而有比较系统的把握，能够通过观察病情的发展和变化而做到全面和综合的治疗。医生的数量有限，十里八乡可能就一两个有名望的医生，病人的选择性同样十分有限，因而病人依赖医生，以生命相托，医生为了个人的信誉也能够做到对病人的健康负责，于是在一定程度上形成了医患关系的稳定性。

其四，因为古代医学本身科学性有限，主要依赖于个人或医学世家的经验传承，对疾病的认识和治疗方法的采用往往缺乏科学的根据，更多地依赖于经验和笼统的哲学思辨方式来把握。这种表面上看起来不够精细化和科学化的医学，因为古代“天人合一”之类的观念及与古代医学融合在一起的宗教因素的深刻影响，作为医学对象的人的整体性反而没有被彻底打破，医者对疾病的认识往往能够与人体结合起来，把疾病看作发生在人体上的自然现象，反而造就了医生把人的生理、心理、社会及环境看成一个整体的观念和认识方式。因此，医生不仅重视疾病，同时还关心病人的心理、家庭等各方面的情况。

二、近代医患关系的演变

从欧洲文艺复兴运动以后，医学从自然哲学中被分化出来，形成了独立的学科体系。近代医学用还原论的研究方法把人体分解为相互独立的器官、组织和细胞，医疗对象不再是一个整体的人。近代医学形成了以生物医学为基础的模式，用纯生物学的眼光认识人的疾病和健康，医学研究对象从有情感、有思想的社会存在的“人”简化为生物学意义上存在的人体，而不是一个与社会各方面有联系的“人”。近代医学发生的这些深刻的变化也影响了近代医患关系的形态，其表现具有以下三种倾向：

其一，医患关系的物化。近代以来，随着科学技术的发展，医学开始引入并应用一系列先进的物理、化学等相关医疗设备，使传统治疗方法发生了明显变化。医生在给患者诊疗时，对症候的确认、对疾病的诊断更多地依靠医疗设备进行详细而全面的检查。在整个诊治过程中，医生的问诊时间缩短、问诊话语减少，医患之间的交流减少，淡化了双方的感情。这些不可或缺的诊疗设备成为医患关系中的第三者媒介，它如同屏障一样，使医患关系在某种程度上被物化了。

其二，医患关系分解。患者的健康、生命的安危由医生、护士和其他人员共同承担，不再像古代医学时期医患关系主要是“一对一”模式，而医患关系的“医”由“医生”变换为“医方”。患者住进医院进行治疗，为其诊治、对其疾病负责的不是一位医生，而是由医生、护士、医技人员等构成的一个医疗团体，甚至整个医院都在不同程度上发挥着作用，使以往“一对一”的相对稳定的医患关系被分解成多个部分。这样“多对一”的形式实际上是对病人责任更加专业化、精确化、有效化；但就病人而言，相对以往的医患关系被分解，医患双方的情感联系分散了，患者感觉与医生的情感联系相对减弱了。

其三，病与人的分离。以生物学为基础的近代医学，把疾病从患者身上分离出来作为医学研究和诊治的对象，在医生的眼里只见病不见人，人只是疾病的生物性载体，人的主观感受和情感体验在有些医生那里可能被漠视，心理和社会因素对疾病的影响被忽略，疾病被有些医生从活生生完整的人中抽离，使病与人分离、病与人相割裂。医生的眼里、心里只有血液、尿液、器官、组织和细胞指标的变化，活生生的有心理有社会属性的“人”被化验的结果和扫描的图像所取代。这种趋势的出现与近代医学的生物学发展方向引导下所形成的临床医学文化形态有关，医学文化的力量会深刻影响医生在特定时期的疾病观、人体观和健康观，而这些观念会对医患关系带来潜在影响。

三、现代医患关系发展的趋势

随着医学科学和现代社会的发展，疾病谱和死亡谱发生了变化。过去的传染病、呼吸系统疾病、营养不良等已不再是威胁人们健康的主要疾病，取而代之的是心脑血管疾病、糖尿病、肿瘤等慢性疾病的高发。引发这些疾病的因素错综复杂，而其中的病人心理、所处环境及生活方式的改变等因素受到医学界的普遍关注。

1977年，美国学者恩格尔首次提出了“生物—心理—社会”医学模式。这一新的医学模式很快被医学界所接受，对现代医学的发展产生了重大影响，在人们的医学观、健康观和疾病观上都催生了新的认识，成为现代医学模式，对现代医患关系的发展也具有引导作用。现代医患关系发展趋势的主要表现如下：

其一，整体化趋势。在现代的“生物—心理—社会”医学模式影响下，把患者看作一个完整的人，从更高层次上来认识人。医学一方面向微观即向细胞、分子、基因等纵深层次发展，探讨生命活动和疾病的微观过程，另一方面又在向宏观方向发展，从更高层次上把人作为一个整体来认识，把人不仅当作自然生态系统的一个组成部分，还当作社会系统的一个子系统来研究，从心理学、生态学、社会学和伦理学等不同层次来研究人与疾病、人与健康等问题。医患间的交往也在多层次上展开，不仅是疾病的诊治，还有心灵的安慰和关照，使医患关系发展为新型的更全面的医患关系。医学服务整体化，即为患者身心健康服务，“以病人为中心”成为现代医学的服务理念，使医学服务不仅从医院内走向医院外，还从技术、生理走向心理和社会服务。

其二，民主化趋势。传统生物医学模式的医患关系是单向型的，更注重和强调的是医生对患者的主导作用、医生对患者的道德义务。这种医患关系发展到现在越来越显示着局限性。尤其是随着疾病谱的改变，慢性病越来越成为威胁人类健康的主要杀手，对于这类疾病的防治更需要发挥患者的能动作用。另外，随着社会的发展，患者素质、能力的提高，患者也越来越有能力、有需求参与医患关系的构建。现代社会越来越注重“以人为本”，在医患关系中更重视患者的权利和其民主性的发挥，而共同构建和谐医患关系使现代医患关系出现了民主化趋势。在这种医患关系中，医生除了要尽心尽力用自己的知识和技术帮助病人外，还注重患者作用的发挥，患者也有能力、有意向参与其中。尤其是在慢性病防治中，医生与患者合作、并肩作战，一起对抗疾病，使医患关系更稳固、更和谐。

其三，法治化趋势。现代社会是法治化社会，法律不仅保障了社会秩序的正常化，更是规范和保障陌生人社会人际关系的利器。社会关系的这种性质和特点也必然影响、渗透进医患关系，医患双方越来越追求社会公平、有序交往，双方更关注自己的权利、义务的边界，这为医患关系法治化趋势提供了背景、依据和趋势。随着相关法治建设的推进，病人的权利在法律上得到了越来越多的保障，法律规范逐步成为医患关系的制约手段，并且从道德层面上为构建新型医患关系提供了一个底线伦理框架，医患关系的法治化趋势在增强。例如，原来仅作为医学伦理准则的“知情同意”“保护病人隐私”等内容，陆续被纳入有关法律法规中。已颁行的《中华人民共和国医师法》（以下简称《医师法》）、《医疗事故处理条例》等医事法律文件，为医患关系的法治化奠定了基础，提供了动力。

其四，伦理化趋势。与医疗领域的法治化进程相衔接，在医患关系问题的认识和实践中，伦理化趋势十分明显。将医患关系纳入社会德治体系，是在法治的底线下将医患双方的行为向道德上的规范化引领。一是相关研究的普遍开展，医学伦理学已经将医患关系问题作为主要课题加以研究；二是通过多种渠道对医患双方进行医患关系的道德教育；三是通过制定行医和就医规范对医患双方明确提出道德要求，对如何处理医患双方关系作出伦理限定和道德约束。伦理化趋势的价值主要在于，通过医学道德的社会化普及性教育，引导医患双方建立相互了解和理解的路径，让处理双方关系有章可循，并且通过引导、宣传和舆论，培育医患双方处理好相互关系的良好习惯。

四、医患关系在中国：从传统向现代的演变

在古代中国，医生被分两类：一是吃政府俸禄的医生，一般被称为“官医”。其本质是官用医生，其实与仆人并无两样，医患之间是主仆关系；

但是因为官医掌握着医疗经验和技艺，又区别于一般仆人的地位和作用，往往会受到一定程度的重视。二是民间医生。他们以个体为单位，独立而分散地执业，或坐堂开店，或游走乡间，悬壶济世。那时，“家庭”是医疗、护理场所，一般是指患者的家里，也有将医生家里作为就医场所的情况。医生对病人的把脉、开方及病人家属的抓药、护理等皆在家中完成。“在医患关系上，医疗的主体是病人，病人自由地择医而治，对医生召之即来、挥之即去，医生只是被动地提供医疗服务。病人及家属都会时时参与医疗活动且握有决定权，医生对病人的整个诊治过程也是在病人家属监控下完成的。”① 那时的医生，无论是官医或民间医生，都没有特权，社会地位也不高。

近代以前，在中国占统治地位的是中医，那时的中医师或“坐堂”或“游方”行医。医生行医是独立而分散的，是以个体为单位行医的，他们与病患形成的是“一对一”的医疗格局，其医患关系具有个体性特点。在古代“一对一”的医患格局中，患者占据主体地位。很多医生行走乡间，治百家病，吃百家饭，靠病家的报酬为生，所有医疗活动都在患者或患者家属的注视下完成，在整个医疗过程中，病家具有决定权。医者主要承担诊断、开方的任务，主要依靠“望、闻、问、切”直接接触病人，直接与病人面对面进行诊疗。“医乃仁术”是中医的道德信条，“大医精诚”的道德要求使医者的行为能在一定程度上保证良善和尊重，而那时的患者也是单纯、朴实、善良的，这使我国古代医患关系在总体上说是相对简单、和谐和稳定的。

16世纪之后，近代西方医学开始进入中国，很快成为中医的竞争对手。“20世纪初，西医逐步成为中国医疗卫生工作的主导，中医地位岌岌可危，中国病人的就医对象由中医师换成了西医师，就医场所由‘家庭’

---

① 郝先中. 西医东渐与中国近代医疗卫生事业的肇始［J］. 华东师范大学学报（哲学社会科学版），2005（1）：28.

转到‘医院’。”[①] 西方近代医学的进入不仅更改了医疗卫生知识，而且改变了医疗卫生体制和格局，还改变了人们的就医行为，医患关系状态也相应地发生了改变。西医凭借在那个时代堪称先进的医疗科学和技术，在中国逐步确立了它的权威，中国病人逐渐开始更多地依赖西医诊治疾病，中国病人的角色也随西医发生了转变，成了“现代病人”，中国传统的医患关系开始向近代转变。那时所谓的“现代病人”走出了“家庭”这个医疗场所，能接受、忍耐医院成为医疗的主要场地，从习惯于在家庭中指挥医生转而开始听命于医生，医患间的权利关系发生逆转，医生对疾病的治疗有了绝对“决定权”。

近代西医传入中国后，医疗空间从“家庭”转移到医院。近代的医院是一个完备的医疗场所，包括门诊室、住院部、手术室、药房及各种检查室、化验室等。这里的工作人员也有了更专业的分工，有医生、护士，还有医技人员和管理者，他们共同为患者提供专业化的医疗服务。这些变化对医患关系产生了深刻影响，使医患关系发生了根本性的变化。在这样的“多对一”、组织对个体的医疗格局里，医院、医生成为主体，中国古代传统病人的角色逐渐消失，在中国近代医患关系中，他们能做的更多的是等待和忍耐。西方近代医学的力量冲击了中医传统的医疗模式和医患关系，使它们步入近代医学的殿堂，这是中国医学的进步，也是中国医患关系的必然演进。

由西医的进入到逐渐主导中国的医疗卫生事业的过程，也是西方医院制度在中国确立的过程。西方医院制度有许多优越性，突出表现在西方医院制度的规模化、集约化和专业化上。其集约化、规模化提高了诊疗效率，能在有限的时间里诊治更多的病人。如果没有固定的场所、配套的设备和服务，没有更多的医生，没有更合理的分工和更专业的水平，就不会有这样的效率。中国传统中医，其诊疗、配药几乎都是由医生一人负责，而近

① 何成森. 医患关系的演变对当今医疗卫生事业改革发展的启示 [J]. 江淮论坛，2015 (2)：119.

代西方的医院制度使医学有了更细的分科，医生更加专业化。医生、医疗的专业化不仅提高了整体效率，还提高了专业水平。“医院制度的确立还有助于提高医疗器械的利用率，并且为医疗科技的进步营造了更大可能性，新的发现和发明不断被用于临床，从而改变了中医那种数百年难以更新药物与设备的状况。”① 医疗科技的提高逐步形成了对医疗器械的更大依赖，它俨然成为医学科学的象征，成为中国各大医院争相购买的新宠，成为那些不出名的小医院拉拢患者的招牌。

西方医院制度最大的优势或优越性就在于它的医生、医疗的专业化，而这一专业化从本质上说更多靠的是西医的科学化，靠的是对疾病的诊疗更接近真实、更科学、更有效果。“著名西医、传教士巴慕德（Haroll Balme）认为，现代医学有两项革命性的突破：一项是对‘准确真实性’的寻求，即由于生物化学等学科的出现，人体已被展示为一个清晰的图像，透过这类图像，医生可以解释病人机理的变化，通过显微镜的观察，就可尽量避免错误的判断，使医疗高度接近于真实。”② 西方现代医学是一个全新的医疗体系。因为它更科学，所以更具生命力，逐步蔓延世界各国，成为世界医学的主流和主导。

中华人民共和国成立后，中国现代医患关系发展大致可被分为两个阶段：一是从1949年到20世纪80年代初期，是中国现代医患关系平稳发展的相对和谐时期；二是20世纪80年代中期市场化改革后，医患冲突较多的相对不和谐时期。“中华人民共和国的成立，使每个人在事实上都进入了公费医疗体系之中，虽然每个人能够真正享受的医疗服务的水平不高且有差异，但人们对医疗卫生保健服务保持着较高的满意度。各群体缺少利益的诱导，加之强大的思想政治教育，中国的医患关系此阶段保持了相对和谐的状态，城乡医生与患者的关系基本上是熟人社会关系，这都是医患关

① 郝先中. 西医东渐与中国近代医疗卫生事业的肇始［J］. 华东师范大学学报（哲学社会科学版），2005（1）：30.

② 郝先中. 西医东渐与中国近代医疗卫生事业的肇始［J］. 华东师范大学学报（哲学社会科学版），2005（1）：28.

系良好的重要原因。”[①] 20世纪80年代中期以后，随着我国市场经济的发展和医疗卫生机构的市场化改革，其被推上追求经济利益之途，医院、医务人员对经济利益的追求导致患者的医疗费用不断提升，一些医务人员的道德水准不断滑坡，过度医疗事件不断发生，医生与患者之间产生了不信任感，“看病难、看病贵”成为严重的社会问题，再加上这一时期绝大多数人基本没有医疗保障，医患间的利益冲突使医疗纠纷和冲突时常发生，医患关系出现严重的不和谐状况。

第三节　医患关系的本质：一种特定的社会关系

医患关系不是简单的医生对疾病诊治的技术关系，尽管近代以来生物医学单一的演进方向使医患关系出现了对“物”的异化趋势，但仍没有脱离它是人际关系的这一基本属性。医患关系仍然是在医疗实践活动中形成的，建立在一定的交往沟通基础上的人与人之间的关系。医患关系是人际关系，无论医方还是患方的人，都是社会中的人，都有社会属性，医患关系必然受到社会政治、经济、文化等诸多因素的影响，所以医患关系是一种特定的社会关系。

一、医患关系是人与人之间的关系

近代医学是建立在生物学基础上的，运用还原论的方法探讨疾病及其发病因素。这种方法把疾病从作为一个整体人的患者中分离出来，把患者仅看成了疾病的载体，活生生的人在他们面前仅是器官结构指标的变化，而舍去患者的心理、社会因素，现代仪器设备不过是这种研究方法的工具而已，使人体内部的结构、生理、病理过程被看得更清楚。“这样必然导致

① 何成森. 医患关系的演变对当今医疗卫生事业改革发展的启示［J］. 江淮论坛，2015（2）：119.

医生只关心致病因素、病原体、发病过程，以及它所涉及的解剖结构功能的变化、细胞损害的情况等，而忽略作为整体的活生生的人的存在，忽视人的心理、社会因素，把社会的人与自然的人、有思想情感的人与生物的人割裂开来。”① 在近代医患关系中，人与病发生分离，大量仪器设备的应用使医患关系有物化趋势，但其本质仍是人与人之间的关系。任何医疗设备和仪器在医患关系中并不具有主体地位，它们只是为作为主体的医患双方服务的，所以近代乃至现代那些物化的医患关系仍是人与人之间的关系，其实质并无变化。

一般来说，不管患者的文化水平、知识层次如何，他们都是有思想、能认知、能决断的人，所以在医患关系中患者不是完全被动的。由于医患关系的医学技术性，在医患关系中，医生往往多处于主导地位，病人多处于服从地位，这常常导致医患关系主体地位的不平等，医生高高在上甚至忽视病人的权利和人格，所以在历史上就出现了轰轰烈烈的病人权利运动，争取病人平等的公平的医疗权。20 世纪后的美国发生了影响范围更大的病人权利运动，直接导致了美国的《病人权利法案》的制定。欧亚国家在 20 世纪后期也积极参与病人权利运动，这在世界范围内推动了病人权利的提高。美国 1973 年制定的《病人权利法案》明确规定病人享有的权利，如接受考虑周到的、尊重的医疗护理的权利，有检查他的住院费用且得到解释的权利等 12 项权利。该法案较全面地规定了病人应当拥有的权利，强调医院和医护人员在工作中都必须以病人的利益为中心，不仅要为病人提供最好的医疗照护，还应保障病人的隐私权和行使同意、选择或拒绝治疗的权利。这些规定为病人权利的实现提供了法律依据，对于保障病人权利发挥了重要的作用。②

医患双方对疾病的认知体验是不同的。在病人那里，疾病代表着生存状态的改变，代表着生活、工作状态的改变，往往诱发了病人的无助和依

① 郭永松. 医患纠纷调解之路［M］. 北京：人民卫生出版社，2013：16.

② 李霁，张怀承. 患者权利运动的伦理审视［J］. 中国医学伦理学，2007（6）：25.

赖感。病人对疾病的认识常常带有更多的主观色彩，完全由个体体验的患病状态、疾病的严重程度对他来说很大部分取决于他的痛苦程度；而在医生那里，疾病是将被确诊或已被确诊的某种客观状态。由于这种根本分歧的存在，在医学哲学家图姆斯看来，“疾病虽是医患之间‘共有’的事实，但有着截然不同的态度与‘共享’的意义。前者是‘自然的’态度，它与日常生活世界直接的前理论体验有关；后者是‘自然主义的’态度，它涉及对直接体验的一种根本抽象，即科学的说明，由此造成医生对症状的理解指向生物化、平面化、片面化，而漠视症状背后丰富的、立体的社会心理、文化人类学内涵。在医患关系中，生活的体验与这类体验的科学说明之间存在的根本性分歧，常常表现为医生对病人世界的漠视，甚至是根本的‘歪曲’，由此造成医疗与护理服务过程中无法修补的‘缺损’，带来医学认知与伦理生活的‘永恒遗憾’”①。图姆斯曾在治疗室里高声申辩：“大夫，你只是观察，而我在体验！”这句话后来成为医学人文箴言。有中国学者也说过：“医生与病人的感受不同：患者是按照自身体验看待功能障碍或问题的，而医生是按照医学规律去审视病情决定处理方案的。因此，行医实际上是对另一个生命体的悉心体察和感情交流。如果没有同情、怜悯、关爱与救助的感情因素，知识和技术的价值将大为降低！医生给病人开出的第一张处方是关爱。”② 医生与患者在交往过程中，情感的交流、信息的传递、人文的关爱有着重要意义。研究发现，医患纠纷70%是由于交流沟通不到位引起的，所以医生不能变成修理机器的工匠。

二、医患关系的社会关系本质

医患关系是人与人之间的关系，人的社会性决定了医患关系必然是一种社会关系。医患关系不仅与医患间的道德、经济、心理和医疗活动有关，还受社会的政治、经济、文化等多种因素的影响，包含着极为丰富的内容。

---

① 郭永松. 医患纠纷调解之路［M］. 北京：人民卫生出版社，2013：16-17.

② 郎景和. 医生与病人［N］. 健康报，2013-02-04.

因此，从社会角度看，医患关系是受社会各种因素影响的包含医患经济关系、医患道德关系、医患法律关系等各方面内容的一种社会关系。

医患经济关系是指在疾病诊疗实践活动中，为满足医方和患方各自需要而产生的物质和精神利益的关系。医生给患者提供疾病诊疗服务，消耗了脑力和体力劳动，需要获得经济利益补偿，即工资、奖金等报酬；同时，医生因诊疗服务解除了患者的病痛，帮助他们恢复了健康，也获得了心理上的愉悦和满足，这是医生获得的精神利益。同样，患者的病痛得到缓解、治疗，身心得以康复并能重新工作，也获得了物质和精神利益回报，他们应该支付医疗费用。

医患道德关系是指在医疗活动中双方都必须遵循的一定的道德原则和规范，以协调和处理好医疗活动中医患双方之间的关系。医生应具有高尚的道德修养，尊重和爱护患者；患者应遵守就医道德，尊重医生，维护正常的医疗秩序，履行患方的道德义务。只有双方都遵循一定的道德原则和规范，才能建立更和谐的医患关系。

医患法律关系是指在医疗活动中，医生与患者之间受法律调节的权利和义务关系。随着对医患道德关系研究的完善，越来越多的道德关系将由法律关系调节。患者就医时扰乱医疗秩序，侵犯医生的利益，如一些“医闹”事件等违法行为，应受到法律的制裁；同样，由医生不负责任或医疗过错对患者造成不应有的伤害甚至死亡等侵犯患者的权利，患者或其家属有权诉诸法律，追究医生的责任。

医患关系会受到社会政治、经济、文化等多种因素的影响。20 世纪 80 年代前，我国医院的运营主要由政府财政支持，医院是一种公益机构，不以营利为目的，把治病救人、救死扶伤放到最重要的位置，所以这一时期我国的医患关系相对稳定和谐。随着改革开放、市场经济的发展及相关政策的改变，政府对医院的财政补贴逐步减少，医院必须靠自己的创收维持人员的开支和医院的运转。另外，患者看病的花费不断增加，使医患关系越来越紧张，医疗纠纷越来越频繁。医患关系的这些变化无不与社会的政

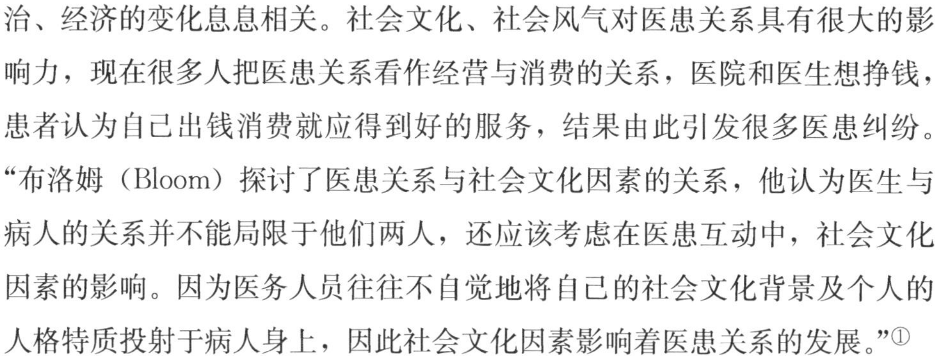

治、经济的变化息息相关。社会文化、社会风气对医患关系具有很大的影响力，现在很多人把医患关系看作经营与消费的关系，医院和医生想挣钱，患者认为自己出钱消费就应得到好的服务，结果由此引发很多医患纠纷。“布洛姆（Bloom）探讨了医患关系与社会文化因素的关系，他认为医生与病人的关系并不能局限于他们两人，还应该考虑在医患互动中，社会文化因素的影响。因为医务人员往往不自觉地将自己的社会文化背景及个人的人格特质投射于病人身上，因此社会文化因素影响着医患关系的发展。”①

三、医患关系本质属性的表现形式

准确把握医患关系，就必须界定医患关系的属性。医患矛盾和冲突的解决方式与医患关系属性的界定有密切关系，目前国内学术界还有着不同的见解，主要观点包括就医患关系的性质，有人认为是服务关系，是消费关系，是公益关系，等等；就医患关系从人与人的关系上看，其本质关系是信托关系，从社会层面看是契约关系，等等。

（一）医患关系是一种信托关系

我们从医患关系的人际性谈起，当患者走进某医院挂了某位专家的号，就标志着病人对这家医院及医生报以非常大的信任，将个人性命完全托付于医院和医生。这种信托既体现了患者自行选择医疗资源的倾向，也体现了他们对医院和医生的高度信任。无论何时，信托理念都是构建并保持良好医患关系的重要基础。目前，在医患相互信任的问题上出现某种危机的情境下，这种信托的基底依然存在，否则医患关系就不能得以建立和存在。以 2016 年的魏则西事件为例：就读于西安电子科技大学的学生魏则西在一次体检中检查到患有滑膜肉瘤且已处于末期，魏则西以百度为搜索引擎查到了宣称能够治疗该病的武警北京总队第二医院，但是在花费高达 20 万元的治疗费和药物费用之后，其病情并未得到缓解，最终不治身亡。得了不

① 郭永松. 医患纠纷调解之路［M］. 北京：人民卫生出版社，2013：14.

治之症的魏则西为什么来到了这家由莆田系医院承包的这个“肿瘤生物中心”来看病？就是因为他相信北京武警二院的金字招牌，相信了百度的排名，相信了这个中心的虚假宣传，才与这家医院、这个医生建立了信托关系，才敢把生命相托，才使他们的医患关系得以建立。

当代中国的医患关系是以社会主义法治为保障建立的信托关系。医患间的信托不仅需要交往各方的诚信美德，而且需要社会的诚信机制，需要以社会主义法治建设为保障。社会主义法治的本质在于为人民服务，为全面维护广大中国公民的合法权益提供有效保障，无论是病人就医、医者行医，还是两者依法达成的合同关系，均应受到相关法律的有效保护。社会主义法治对医务工作者向病人提供的医疗服务而具有的医疗自主权及某些特殊职权提供合理保障。例如，赋予医务人员享有其他人无法享有的可以掌握病人基本信息（如身体情况、心理情况）的权利；对于病人来讲，要想医生准确诊断病情，需要为医生提供详细、全面、准确的信息。因此，医患关系是建立在信任基础上的特殊人际关系，对医务人员提出了特殊的道德要求。目前尤应强调医务人员强化承诺、诚信理念和提升道德素养，积极、主动地解决好使患方信任医方的现实问题。

（二）医患关系是一种契约关系

医患关系作为一种社会关系，它的和谐健康发展离不开医患双方的道德约束与调节，但随着社会的进步、法制的进展，医患关系越来越多地由原来的道德约束转变为法律约束。例如，原来仅作为医学伦理准则的“知情同意”“保护病人隐私”等内容，陆续被纳入有关法律法规，使医患间的权利和义务有了越来越全面清晰的约定。医患纠纷和冲突更多地靠法律来解决，说明当代中国的医患关系已经成为建立在平等基础上的契约关系。通常而言，契约指的是各参与方达成的一种合同关系，主要对各参与方的权利和义务等进行明确约定。医患契约指的是医务工作者与病人针对双方权利、义务和两者间的关系进行明确约定的一种合同。毋庸置疑，医患契约与其他契约的性质基本相同，均是基于平等、合法的原则在不违反社会基本道德规范的前提下达成的。该契约关系的达成宗旨在于彰显社会公正，其根本意义是尊重并维护患者的生命健康权和患者的自主权，同时也需要对各参与方的合法权益进行有效维护。其表现形式是多样的，有口头的、书面的，有一般的、特殊的等。

医患之间所达成的契约关系有别于社会上一般的契约关系，其特殊性主要表现为该契约内容并非由双方自主约定，而是在遵守法律法规、社会道德规范的前提下进行约定。例如，对处于休克状态、需要急救的病人，虽然没有取得患方的知情同意，没有经过签写契约的程序，但是医务人员绝不能以自己没有契约承诺为由否定自己救死扶伤的角色义务。其原因在于达成医患契约关系的病人和医务工作者对医学知识的掌握存在明显差异，病人由于医学知识匮乏再加上看病是求医态势，所以他们很难在缔结契约时做到理智、冷静、平等地协商，若在此情况下缺乏国家法律指导和社会规范，医患契约就不具备基本的平等性，更别提契约公平了。因此，为真正体现社会公平、保护病人的生命健康权利，医务人员和病人都应正确处理契约关系。尤其是医务人员，不可将契约看作一个简单的签字环节，理应将其视为一种重要的伦理精神。另外，在强调和关注契约结局的同时，还需要关注契约的缔结过程，尽可能地保证契约的平等性，避免出现打着平等契约的口号遮掩不平等现象的问题。医院及医务工作者需要采取有效措施，防范和杜绝将不平等契约“伪装”为平等契约的现象。

第三章　医患矛盾的必然性思考

如前所述，医患关系是一种基于医学与疾病关系形成的特定社会关系。医学与疾病之间所具有的矛盾关系特征会以一种在临床诊疗过程中形成的医学主体（医患）双方间具有同一性的矛盾状态呈现出来。医学与疾病的矛盾是由医方的人即医院的医务工作者参与处置的矛盾，同样患方的人是疾病的载体，虽然医患双方在战胜疾病的目标和方向上具有统一性，但是疾病及诊疗疾病过程的复杂性都可能将这种复杂矛盾放大到医患之间人与人的关系上来。目标上的统一性会被矛盾打破，带来医患之间关系的失衡，矛盾变得更加复杂，矛盾的升级可能导致冲突和恶化，使矛盾性质发生质的变化。医患之间矛盾的生成源于医学与疾病都是由人作为载体这一客观事实本身，于是就蕴含了矛盾出现的可能性。

第一节　合理地理解医患之间的矛盾关系

需要强调的是，医患关系是人类重要的社会关系，和谐的医患关系能够促进社会整体的和谐。目前，我国某些地方确实存在着医患关系一定程度的紧张状况，医患矛盾的加剧，乃至医患冲突的爆发，其结果是医患双方都沦为受害者，社会和医院的工作秩序被扰乱，影响了社会的安定。因此，正确地分析医患矛盾关系，以哲学思维为指导，认识其存在的必然性，认清其形态和类型，研究其正态化和合理性，追踪它的动态性和方向性，为探索和解决医患矛盾提供了有效途径。

一、医患矛盾关系的客观性源于医学与疾病的矛盾关系

疾病比人类更古老。人类诞生之前，疾病就先于人类存在于这个世界上。人类出现后，疾病自然相伴而来，疾病与人类如影随形，疾病的形态也与人类的进化有直接的关联。社会的发展过程，可以说是人类不断战胜疾病、追求生命质量提升和健康水平提高的过程。人类对健康是永恒的需求，人类祈求远离疾病，希望身体永远健康。但是，疾病总是不期而遇，不以人的意志为转移。自人类诞生之日起，也就开启了漫长而顽强地与疾病抗争的历程，医学正是在这一历程中长期经验积累和科学认识的结果。如前所述，医学的进步经历了一个从古代经验医学到近代实验医学再到现代系统医学的过程，医学发展的每一个阶段都是人类与疾病抗争不可或缺的历史阶段，疾病是自然现象，人类用自己的智慧与自然现象相抗争。从一定意义上说，人类永远都不可能战胜疾病，人类战胜的只是一个又一个疾病类型，而疾病会以自身的方式和不同的形态发生和成长，或许正是因为有了人类与疾病斗争的过程，才能够深刻地反映和表明人类的存在。实际上，与疾病斗争的历史恰恰是人类生存和发展历史的一个缩影。“医学是人类与疾病长期抗争的产物，是研究人类生命过程及同疾病作斗争的学科体系。”① 医学也表现了人类顽强生存和追求幸福的精神。

医学与疾病，不仅如上所述相生相随，而且相斥相克。力求在一定程度上战胜疾病，消除疾病，保卫人类的健康，这是医学发展的终极目标。一方面，医学不能完全实现这一目标，而是处于向这一目标迈进的过程之中，因为旧的疾病消除了，新的疾病还会产生，需要医学发展的新成果去战胜它，这是医学与疾病的斗争。另一方面，尽管疾病是一种客观现象，但是疾病一旦进入与医学的矛盾系统，就意味着疾病也在与医学进行着

① 陈国强，林嘉煌. 人类学与应用［M］. 上海：学林出版社，1992：39.

“斗争”。疾病对人体的侵蚀，一种情形是病原体对人体的直接侵害，导致生物个体或群体疾病的发生并因此遭受病痛折磨；另一种情形是人自身心理或社会适应能力出现不健康的问题，由精神作用或心理障碍导致身体的生物性变化。无论哪种情形，疾病侵蚀人体，都可能带来健康危害，甚至摧毁人的健康，否定人的现实存在，促使单个有机体走向生命的终点。可见，医学与疾病既统一又对立，构成了矛盾统一体，双方在相互联系、相互斗争中都得到进化和演变。

医学与疾病的矛盾是一种人类参与其中的客观性存在。认识、发现、创造和把握医学知识，提供医疗实践活动的一方成为医方；发生疾病，需要医方提供医疗服务、帮助消除疾病的另一方就是患方。因此，医学与疾病的矛盾关系外化并延伸为医患双方的矛盾关系。从这样的意义上说，医患矛盾关系是医学与疾病矛盾关系的现实表达，医患矛盾关系的客观性源于医学与疾病的矛盾关系。这种客观性决定了医患双方处于一种矛盾状态，其本身也是一种特定的人与人之间的矛盾关系，具有客观必然性。

二、医患矛盾关系的现实性和合理性

如上所述，医患矛盾关系源于医学与疾病的矛盾，具有客观必然性。在哲学视域下用哲学思维方式去考量，我们就会得出这样的认识：具有客观必然性的医患矛盾关系一定具有存在的现实性和某种合理性。

什么是现实性？唯物辩证法告诉我们，现实性是指“包含内在根据的合乎必然性的存在”①。现实性首先是指实存的事物，但并非所有实存的事物都是现实，只有那些具备内在的存在根据，并且包含必然性和规律性的实存才具有现实性。哲学上的“现实”与常人理解的“现实”有着原则区别，常人大多是从“现在实际存在”（实存）的意义上理解和使用的，这个“现实”就比哲学意义上的“包含内在根据的合乎必然性”的“现实”宽泛

① 本书编写组．马克思主义基本原理概论（2015 年修订版）［M］．北京：高等教育出版社，2015：39.

得多。因为在“现在实际存在”的“现实”之中，只有一小部分是“包含内在根据的合乎必然性”的“现实”，而大部分都没有体现其本质和必然性，都不是真正的“现实”。因此，仅仅“现在实际存在”不是“现实”，而只是“实存”。比如，疾病就是一种具有现实性存在的现象，从人体系统来看，作为生物性的存在，即便是看上去被认为是健康的机体，也并不意味着就处在一种真实的健康状态，所有的人体实际上始终处在一种病因的损害作用和机体抗损作用的矛盾状态，气候、饮食、情绪、细菌、病毒、遗传、物理、化学等因素都可能随时导致人的健康受损。一方面，人类漫长的进化过程使人体具备了抵御某些疾病侵蚀和破坏机体平衡的能力，即便有些病毒潜伏于人体中，人体也能与之抗衡，从而保持健康与疾病的对峙状态。比如，某项对乙肝病毒的检查结果统计数据表明，我国乙肝病毒携带者有1.3亿人，但事实上我国有超过7亿人也就是总人口的45%感染过乙肝病毒，但他们中的大多数依靠自身的免疫力防御了病毒转化为肝炎疾病。另一方面，医学的进步大大增强了人类抗击各种疾病的能力，有些类型的疾病已经被人类从疾病谱中剔除，但是人类的生活方式和环境的变化又带来了新的疾病类型的出现乃至爆发。因此，疾病作为一种自然现象，其存在的形态虽然与人类因为追求健康而与之抗衡的过程有直接的关系，但它的存在并不以人的意志为转移，医学至多是改变它的存在形态和某些疾病类型的演化方式，有些病毒会被限定在对人体不再具有侵害能力的空间，但是不曾出现的新病毒或因为人类自身生存和生活方式改变，特别是因为病毒、病菌抗药性增强带来的变异，都只是改变疾病的存在方式和表现形态，并不意味着疾病会从这个世界被彻底消除。因此，无论是从疾病自身的客观存在还是与人类健康关系的对立性上看，其存在都具有现实性根据。正是因为其具有变化的特征，也因为其具备一种令人类所创造的生命科学技术在特定阶段总是处在被动、无奈境地的自然力，所以它是一种具有现实性的存在。由此可见，现实性是特指那些前进的、上升的事物，而不是倒退的、腐朽的事物。这种事物的演进和变化并不以人的意志为转移，也不以对人类的价值如何作为衡量的标准。尽管在与人类的生命和健康关系上，疾病现象被人类视为“敌人”，但是把疾病现象作为一种自然现象去认识和看待，其既不“腐朽”，也不“倒退”，而是按照自己的规律“前进”和“上升”，并且以此表明自身的现实性存在。把疾病现象的“现实”从“实存”中划分、提升出来，对研究医患关系问题，在理论和实践两方面都具有原则性的方法论意义。

对于现实与存在的区别及现实性问题，黑格尔曾有精辟论述：“现实性在其展开过程中表明为必然性。”[①] 在日常生活中，“任何幻想、错误、罪恶及一切坏东西、一切腐败幻灭的存在，尽管人们都随便把它们叫作现实，但是甚至在平常的感觉里也会觉得一个偶然的存在不配享有现实的美名”[②]。因此，不是任何存在的东西都是现实的，只有那些体现事物本质和发展必然性的存在才是现实。相反，一个现实的事物如果丧失了必然性，丧失了存在的权利，丧失了合理性，它就会成为不现实，沦为存在而已。包含必然性的存在才是现实。

既然包含必然性的存在才是现实性，包含必然性的事物其存在也就蕴含着合理性，现实性与合理性是一致的。也正因如此，黑格尔在《法哲学原理》(1821 年版）的序言中进一步指出，“凡是现实的都是合理的，凡是合理的都是现实的”[③]。只有那种体现着本质和必然性的、可以被称作现实的东西才是合理的，才具有合理性；而具有合理性的，一定是包含必然性和规律性于其中的、可以被称作合理的事物才是现实的，才具有现实性。

诚然，黑格尔这一哲学命题本意不在于单纯说明现实性与合理性的关系，而是针对普鲁士王国的。恩格斯分析黑格尔这一命题时指出，命题若从表面上看，显然是“把现存的一切神圣化，是在哲学上替专制制度、替警察国家、替王室司法、替书报检查制度祝福”；但是，“在黑格尔看来，

---

① 中共中央马克思恩格斯列宁斯大林著作编译局．马克思恩格斯选集（第四卷）[M]．北京：人民出版社，1995：221.

② 黑格尔．小逻辑 [M]．北京：商务印书馆，1980：44.

③ 黑格尔．法哲学原理 [M]．北京：商务印书馆，1961：11.

决不是一切现存的都无条件地也是现实的。在他看来，现实性这种属性仅仅属于那同时是必然的东西”[①]。因此，“他决不承认政府的任何一个措施……都已经无条件地是现实的。但是必然的东西归根到底会表明自己也是合乎理性的。因此，黑格尔的这个命题应用于当时的普鲁士国家，只是意味着：这个国家只在它是必然的时候是合乎理性的，是同理性相符合的”[②]。于是，“黑格尔的这个命题，由于黑格尔的辩证法本身，就转化为自己的反面：凡在人类历史领域中是现实的，随着时间的推移，都会成为不合理性的，就是说，注定是不合理性的，一开始就包含着不合理性；凡在人们头脑中是合乎理性的，都注定要成为现实的，不管它同现存的、表面的现实多么矛盾。按照黑格尔的思维方法的一切规则，凡是现实的都是合乎理性的这个命题，就变为另一个命题：凡是现存的，都一定要灭亡”[③]。从恩格斯的精辟分析中，可以得出这样的认识：黑格尔看似保守的命题却蕴含着革命的结论。

基于这种辩证法的哲学立场，我们同样可以认为医患矛盾既然具有客观必然性，就一定具有现实性和合理性。因此，就医患关系的演化过程而言，处于矛盾状态的关系才是医患之间的正常关系。

辩证法认为，矛盾是反映事物内部和事物之间既对立又统一的关系。对立就是斗争性，统一是同一性，同一性和斗争性是矛盾的两种基本属性。矛盾的同一性是指矛盾双方相互依存、相互贯通的性质和趋势；矛盾的斗争性是矛盾双方相互排斥、相互分离的性质和趋势。同一性和斗争性相互连接、相辅相成，共同推动事物的发展。医方和患方是矛盾统一体，医患矛盾是医方和患方既对立又统一的关系。

---

① 中共中央马克思恩格斯列宁斯大林著作编译局．马克思恩格斯选集（第四卷）［M］．北京：人民出版社，1995：221．

② 中共中央马克思恩格斯列宁斯大林著作编译局．马克思恩格斯选集（第四卷）［M］．北京：人民出版社，1995：221．

③ 中共中央马克思恩格斯列宁斯大林著作编译局．马克思恩格斯选集（第四卷）［M］．北京：人民出版社，1995：222．

其一，医患矛盾是统一的，具有同一性。医患矛盾的同一性是指医患矛盾双方相互依存、相互贯通的性质和趋势。一是医方和患方互为存在的前提。医患双方有共同的利益，有战胜病魔、早日康复的共同目标。要达到这一目标，既要依靠医方的精湛医术，还要依靠患方战胜疾病的信心和积极配合。医方在医疗实践中加深对医学科学知识和技术的认识和掌握，提升诊疗水平，为患方提供医疗服务；患方作为医方的认识对象和服务对象，需要医方高超的医术和周到的服务。医方和患方不可分离，离开了患方，医方就失去了医疗实践活动的对象，失去了存在的意义，也就不成为医方；同样，患方也离不开医方，离开了医方，患方失去了为自己服务的施加者，疾患无法得到医治，患方也就不成为患方。医方相对于患方为医方，患方相对于医方是患方，两者相互依存、互为存在，双方共处于医疗实践活动这个统一体中。只有医患双方相互配合、协调一致，才能完成战胜疾病这一共同任务。二是医方和患方互为发展的前提。医患关系是医学与疾病的矛盾关系的现实性表达。疾病是医学发展的前提，疾病的种类越多、越复杂，越能促进医学的进步。因为医生的天职就是祛除疾病，还人类健康。新的疾病就是新的战场、新的未知领域、新的研究课题。医方通过医学基础和临床实践活动，通过对生命科学的深入探索和对各类疾病现象的持续研究，不仅能够不断拓宽对病因的揭示，从已知疾病病因向未知疾病病因拓展，从而使人类对疾病的认识领域越来越广阔，而且能够不断深化对疾病全方位的认识，通过不断深入生物微观领域的研究，从基因层面揭示和解释致病机理，或者从目前人类所能认识的最基本的生物大分子层面寻求发病原因。同样，人类也在通过中观、宏观医学领域的研究，揭示与外界关系上的人体生理病理规律，探索早期发现疾病的有效途径和不断建构早期预防的路径和方法。

医学不是万能的，疾病并不会因为医学的发展就销声匿迹；相反，在一些情况下，疾病可能因为医学的介入而出现新的种类。一是有些疾病为药源性疾病、医源性疾病，这些疾病都与医药学发展对原有疾病病种的治疗作为手段使用有关，从而形成前所未有的新的疾病种类。也就是说，新的医疗技术或药物的使用，同样催生一些新的疾病，使人体出现由人类干预所导致的新型病变。最典型的例子就是抗生素的发现和应用。抗生素是人类创造的一个神话，救治了无数的生命。第二次世界大战期间，青霉素因治疗伤口感染而使死亡率大大降低，成为当时非常稀缺和贵重的药品，英国首相丘吉尔曾下令青霉素“必须给最好的军队使用”。链霉素的发明，效果更是神奇，被人们称为结核的“克星”，原来治疗无望的结核病人因其得以治愈。随着新的抗生素不断被发现，白喉、猩红热、梅毒、肺炎等全部被遏制，人们惊呼世界上那些最可怕的疾病突然失去了威胁，抗生素真是人类的大救星。但是，在某些商业利益的驱动下，人们对抗生素的滥用和依赖已成为世界性难题。美国学者皮特·布鲁克史密斯在 1997 年撰写的《未来的灾难——瘟疫复活与人类生存之战》一书中说：疫苗、抗生素及近年来医疗技术的飞速发展，造成了一种假象——我们几乎不受疾病影响。然而，几乎与此同时，诸多可怕的毁灭性的新型疾病正在世界各个角落出现，如非典型肺炎、禽流感、登革热、埃博拉病毒、寨卡病毒、肺结核死灰复燃等。这是人类的悲哀，应该引起人类的警觉。再就是无论手术、药物和常规治疗手段怎样进步，疾病作为生物自然现象都会按照自己的规律演进。人类将疾病作为自身的敌人，但是疾病未必是以人类为敌而产生和演变，它是作为整个自然界按照自身规律演化的构成部分而必然存在的。人类对自然界的干预并不能阻止疾病按照自身规律生成和对生物体发生作用的脚步，人类只能认识它，而不可能彻底消灭它，消灭的只是人类命名的某种疾病。从疾病作为一种现实存在的整体性上分析，疾病是不可能从这个世界上彻底消失的，其作为一种现实存在，对人类健康造成威胁的同时，也对人类的存在和发展具有特定意义上的价值。这种价值就在于让人类能够创造医学文化和医学科学与技术。医学与疾病的关系如同“魔”和“道”的关系：魔高一尺，道高一丈。一方的发展以另一方的发展为前提。这也给人类敲响了警钟，医学的力量若被妥善应用，就能给人类带来福音；

若是滥用，就容易毁坏人的生命。

其二，医患矛盾是对立的，具有斗争性。医患矛盾的斗争性是双方相互对立、相互斗争的性质和趋势。医患矛盾的斗争性是客观的，普遍存在于医患关系中。医方在医疗过程中为解决患方身体健康问题与患方结成了一种矛盾关系，这种矛盾关系的斗争性源于双方处于供需的不同方面和不同的利益。一是就医患双方角色而言，医患矛盾的对立斗争不可避免。社会角色理论认为，处于不同层次的人一旦获得特定的身份角色，就获得了与该角色相应的一系列权利和义务。人都是有不同社会角色的，家庭领域、职业领域和公共生活领域中都有自己的角色。人在社会化的过程中要受到角色规则的教育和训练，以保证胜任该角色。在担当这些角色的过程中，如果偏离了角色内涵，丢失了角色规范，出现了违背角色义务的行为，就会产生角色冲突，导致社会的不稳定和混乱。医方和患方是不同的社会角色，医方是医疗活动的施予者，患方是接受者，角色双方都有相应的权利和义务，若是只享受权利而不履行义务，不同角色的矛盾、纠纷甚至冲突就不可避免。二是在双方关系中的多方面地位上的不平等状态也是导致双方处在特定对立状态的原因之一。医学是一个十分庞杂的科学和技术领域，仅就生物医学和技术领域而言，百余学科和诸多研究领域，加之几千种疾病，造就了现代医学的复杂构成。医生所掌握的知识相对于整个医学体系而言是有限的，但是一般来说，在一个特定的临床医学领域，专业素养和专业知识能够让一个合格的医生胜任对患者疾病的诊断和治疗。在医患双方因为患者就医所形成的特定关系中，双方在医学知识、技能和信息上的不对称是必然的，这就决定了双方在信息占有上的不对等，医生处于信息掌握的主导地位。由此可能导致双方在权利上的不平等，医生一方掌握主动权，病人的选择权受到知识、信息掌握不够甚至根本不了解的限制，只能完全按照医生的意见和建议完成就医行为过程。但是，从另一方面来看，病人首先是社会性的个体，除了那些因为疾病已经丧失权利主张能力的情况外（即便是这种情况，家庭成员或病人的监护人也会成为权利主张的集合体），病人就医过程中也会产生多方面对个人权利主张的问题，即便患者缺乏对医学知识的了解和医学信息的把握，但是一般性的对个人权利的主张能力还是具备的，这就可能在有些问题上与医生或医院产生分歧甚至矛盾。特别是当经济利益介入其中，商业化或市场化的倾向，必然导致医患双方的社会角色发生质的改变，就医过程演化为一种交易过程，在经济利益驱动下，病人的健康和生命利益可能会被掩盖在经济利益的博弈中，医患双方矛盾的斗争性就会上升，乃至爆发医患矛盾。从这个角度看，就医患双方利益而言，矛盾的对立斗争是必然的。当然，医患之间有共同的利益、共同的目标，即祛除疾病，使人类健康。但是，无论医方还是患方，都既是“经济人”又是“社会人”，既要争取利益最大化，又要得到社会及他人的尊重。“经济人”与“社会人”本身就是一对矛盾，若没有找到准确的结合点，没有掌握适度的原则，就会引发医患的对立冲突。

“经济人”假设是英国古典政治经济学家亚当·斯密提出的。他在《国民财富的性质和原因的研究》一书的第一篇中，从分工讲到商品交换，认为在商品交换过程中，人们具有“利己心”，“如果能够刺激他们的利己心”并告诉他们“这样做是对他们有利的”，要达到目的就容易多了。他举例说：“我们每天所需的食物和饮料，不是出自屠户、酿酒家和面包师的恩惠，而是出于他们自利的打算。我们不说唤起他们利他心的话，而说唤起他们利己心的话。我们不说自己有需要，而说对他们有利。”① 由此可见，“经济人”的最显著特征就是“利己心”，追求自身利益最大化是行为的根本动机。随着经济学的发展，经济学家对“经济人”有了更进一步的认识：由于“经济人”是趋利的，追求自身利益最大化是行为的根本动力，所以使其具有损人利己的倾向。这种损人利己的行为有可能是在主观追求私利的同时客观损害了他人利益，也有可能是故意用损人利己的手段谋求私利，甚至还有可能是在维护社会利益或合法的名义下干着损人利己的勾当。

---

① 亚当·斯密. 国民财富的性质和原因的研究（上卷）[M]. 郭大力，王亚南，译. 北京：商务印书馆，1972：13-14.

“社会人”假设是人际关系学家乔治·梅奥于1933年在《工业文明的人类问题》一书中提出的。“社会人”假设理论认为，人是处于一定社会关系中的有感情的社会性动物，人是社会中的人，影响人生产积极性的，既有经济因素，也有社会因素。因此，满足人的社会需要比满足人的经济需要更能调动人的生产积极性，而物质刺激对调动人的积极性起次要作用，良好的人际关系才是决定性因素。[①]“社会人”假设启示我们，人的社会属性决定了人的社会需要，人需要归属感和整体感，需要得到他人及社会的尊重、满足，其价值需要得到他人及社会的承认，从而实现社会价值。

医患双方既是“经济人”，又是“社会人”，既追求自身利益最大化，也要得到他人及社会的尊重、满足。对医务人员来说，不仅要有理想的薪酬，还需要自身价值得到认可。对患者来说，不仅要以最少的医疗费用获取最优的医疗服务，还要得到他人的人格尊重等。因此，二者既为“经济人”，又为“社会人”。医患双方各自不同的需求决定了医患双方关系的矛盾，加之医疗资源不足、制度缺失等诸多因素的交织，使医患矛盾关系更加复杂。

“经济人”假设强调“利己心”，强调利益最大化，经济利益的驱动是导致医患关系紧张的重要原因。医院作为“经济人”要生存，于是把经济利益放到基础地位，制定了明显偏重创收的分配激励制度，对科室直至每个医生下达收入指标，医生奖金与其医疗活动产生的额度直接挂钩，迫使医生在提供医疗服务时掺杂了很多经济利益因素。医生作为“经济人”，在基本工资与职业贡献不匹配的情况下，为了过上与职业相应的体面生活，就可能出现在经济利益驱使下开大处方、重复检查、过度医疗的情况。另外，社会对医务人员也有诸多利诱，如药商、医疗器械商的种种回扣，私人医疗机构拉拢医疗专家走穴，患者为多享受医疗服务或求得踏实的心理而送红包等。由于上述因素的影响，在现实社会中，医务人员追求自身经

---

① 孙余防. 人性假设理论的比较与分析［J］. 全国商情（经济理论研究），2007（10）：49.

济利益最大化成为一种行为选择。而患者作为"经济人"则希望用最少的费用治好疾病，尤其是困难家庭，难以支付昂贵的医疗费用。因此，医患双方各自都作为"经济人"，其矛盾关系不可避免。

"社会人"假设强调的是理解与尊重，而现实医疗活动中理解与尊重的缺失导致医患关系紧张。医患双方作为社会人，都有被理解、受尊重的权利，也都有相互理解、尊重对方的义务。但是，医院经营突出经济利益，存在机器代替人、医疗设备代替医生或部分取代医务人员的诊断治疗等情况，医生本有的详尽的观察、问诊和动手检查缺失，导致医患双方的沟通交流减少，医务人员很难得到患者的理解、支持和尊重，患方缺少应有的关怀，加之疾病困扰，在达不到自己期望的医疗效果时，容易产生医患矛盾纠纷。因此，医患双方各自都作为"社会人"，矛盾关系必然存在。只有把"经济人"和"社会人"进行统一协调，才能消除医患之间的危机。

如上所述，医患矛盾具有同一性和斗争性，双方相互依存又相互斗争，处于矛盾状态的关系才是医患之间的正常关系。医患矛盾关系的表现形式有和谐的形式和不和谐的形式。和谐的医患矛盾关系表现：医患双方相互理解、相互尊重、相互协调、相互配合，各自享有应有的权利，履行应尽的责任和义务。这是医患矛盾关系良好状态的体现，也是现实社会追求的目标。不和谐的医患矛盾关系表现：医患双方相互怀疑猜忌、缺乏信任，为各自利益最大化而产生的偏激行为引起纠纷甚至冲突，现实社会不乏其例，是我们应该尽力避免的。

三、医患矛盾关系存在的必然性

医患矛盾关系的现实性与合理性是其存在的必然性在哲学意义上的体现，医患矛盾关系还具有科学技术、社会、道德和法律等多方面存在的必然性。

（一）医患矛盾关系在科技进步中存在的必然性

医疗科学技术是一柄"双刃剑"。一方面，医疗科技为人类征服疾病、

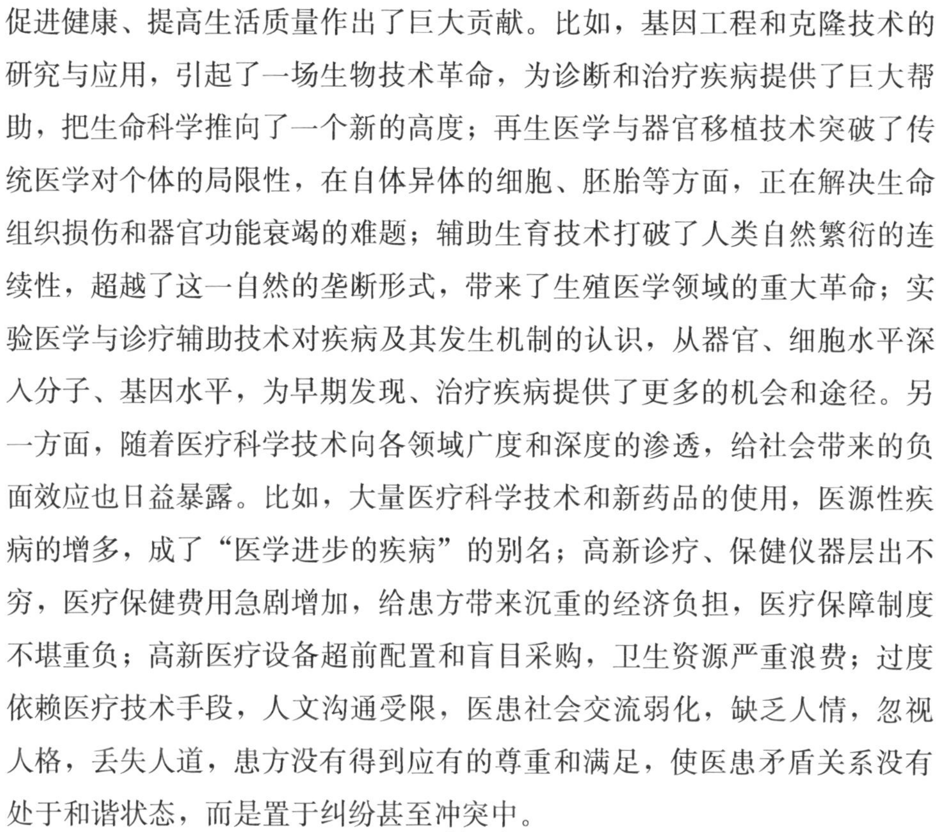

促进健康、提高生活质量作出了巨大贡献。比如，基因工程和克隆技术的研究与应用，引起了一场生物技术革命，为诊断和治疗疾病提供了巨大帮助，把生命科学推向了一个新的高度；再生医学与器官移植技术突破了传统医学对个体的局限性，在自体异体的细胞、胚胎等方面，正在解决生命组织损伤和器官功能衰竭的难题；辅助生育技术打破了人类自然繁衍的连续性，超越了这一自然的垄断形式，带来了生殖医学领域的重大革命；实验医学与诊疗辅助技术对疾病及其发生机制的认识，从器官、细胞水平深入分子、基因水平，为早期发现、治疗疾病提供了更多的机会和途径。另一方面，随着医疗科学技术向各领域广度和深度的渗透，给社会带来的负面效应也日益暴露。比如，大量医疗科学技术和新药品的使用，医源性疾病的增多，成了“医学进步的疾病”的别名；高新诊疗、保健仪器层出不穷，医疗保健费用急剧增加，给患方带来沉重的经济负担，医疗保障制度不堪重负；高新医疗设备超前配置和盲目采购，卫生资源严重浪费；过度依赖医疗技术手段，人文沟通受限，医患社会交流弱化，缺乏人情，忽视人格，丢失人道，患方没有得到应有的尊重和满足，使医患矛盾关系没有处于和谐状态，而是置于纠纷甚至冲突中。

（二）医患矛盾关系在经济社会中存在的必然性

社会是复杂的，存在着诸多经济的社会的矛盾，这些矛盾很容易在医患关系中寻找突破口，产生医患矛盾。一是社会医疗服务提供能力与群众日益增长的健康需要之间的矛盾。一直以来，我国医疗资源配置不合理，基层医疗机构服务条件和服务质量不能满足群众的基本就医需求，出现看病纷纷涌向大医院的状况。大医院普遍存在“三长一短”的问题，挂号排队时间长，候诊时间长，交费、取药时间长，看病时间短。医患之间存在误解、不信任，这是医患矛盾的直接“导火索”。二是医疗机构的公益性要求与自身的管理体制和运行机制之间存在矛盾。由于政府投入严重不足，医院用创收来弥补，偏离了公益性目标，加重了患者的经济负担，造成了医患双方在经济利益上的直接对立，这是医患矛盾关系存在的深层原因。

三是医疗保障制度的发展与群众的经济承受能力之间的矛盾。随着医学的发展，挽救生命的技术手段显著提升，其救治成本也迅速攀升，大多数社会成员无法单独承担，加之社会保障制度不健全、保障水平有限，看病难、看病贵成为普遍现象，患方难以承受，医院、医生成了患者不满情绪的发泄口。四是科学技术发展程度与患者期望值过高之间存在矛盾。医学科技的发展给人类战胜疾病带来了福音，但是先进的医疗设备手段不能解决医学中的一切难题，当患方对治疗效果期望值过高而实际治疗效果达不到预期值时，医患关系恶化。五是医疗行业的高风险性与缺失有效的风险分担机制之间存在矛盾。疾病的不可预见的复杂性和医学的局限性，使医疗活动存在意外和一定概率的错误、事故，这种医疗行业的高风险性需要完善的医疗风险分担机制，而目前我国风险分担机制尚未形成，一旦出现医疗意外事故，患者的矛盾直接指向医生和医院，出现矛盾纠纷甚至矛盾冲突。六是医疗纠纷处理机制不完善与群众的诉求之间存在矛盾。由于诉诸法律解决医疗纠纷成本高、程序复杂，加之相关法律法规的模糊和缺位，“医闹”现象频频出现，陷入“不闹不赔，小闹小赔，越闹越赔，越赔越闹”的怪圈，医患矛盾纠纷越来越多。

（三）医患矛盾关系在伦理中存在的必然性

医患矛盾关系是一种由关系双方作为自觉主体，本着应然的原则相互对待的关系，这种关系体现着人与人之间的伦理关系。一是医疗职业的神圣使命使医患关系具有道德属性。“健康所系，性命相托。”“我决心竭尽全力除人类之病痛，助健康之完美。”医学生的誓言反映了医疗行业的神圣使命。这个神圣使命首先从道义上得到了人们的普遍认可，其外化为道德的基本原则和规范，反映了站在应然角度提出的价值理想。因此，医患之间最本质的是一种道德关系。二是医患关系建立在一系列道德因素基础之上，也确证了医患关系的道德属性。比如，信任和忠实是医患双方关系的基本特征，医患双方必须以高度信任和忠实为基础，患方将健康、生命托付给医方，这是患方对医方的信任；医方要用精湛的医术救死扶伤、治病救人，这是医方对患方的忠实。信任和忠实是从伦理上对医患双方的要求和制约。如果医方缺乏对生命的尊重，缺乏对生命和健康的道德义务感，缺乏人道主义精神，必将造成医患关系紧张。如果患方对医方存在种种猜忌，不去配合医方，同样出现医患关系紧张。三是在医患关系调整中，道德因素发挥着支配性作用。虽然法律调整医患关系已成常态，但是法律不能取代道德，道德调整医患关系、规范医患双方行为更具普遍性。道德调节先于法律调节，人们往往首先考虑一种行为的正当性，再考虑其合法性。“医者仁心”“医乃仁术”一直是传统的医学命题，更是伦理学的命题。四是医患关系的道德属性还表现在知情同意原则中。医患双方对信息的占有具有不对称性，加之医方的主体地位，从治疗方案的确定、治疗方法与手段的选择到治疗费用的高低，基本由医方掌控，这就需要医方具有忠于职守的道德品质，对患者尽到至善的义务，同时还要保障患方的知情同意权，使患方了解更多信息并由患方作出抉择。上述几个方面说明，医患关系具有道德属性，医患矛盾关系在伦理领域存在必然性。

（四）医患矛盾关系在法律中存在的必然性

随着医患关系的日益错综复杂，法律因其高效力和权威性逐渐成为处理医患矛盾关系的主要手段，发挥着越来越重要的作用，使医患矛盾关系更多地表现为一种法律关系。医患法律关系是医疗服务关系的法律表现，是法律确认并调整医疗服务关系的结果，是医患矛盾双方基于一定的法律事实形成的法律范围内的权利和义务关系。在医疗服务关系中，主体、客体、内容和成立要件等，经法律的确认和调整后都有明确规定，从而使医疗服务关系更具体、更具实用性。比如，患者就医形成的医患关系即医患私法关系中的医疗服务合同关系；医生在医院之外对病人的急救收治即医患私法关系中的无因管理医疗关系；甲类及特定乙类传染病防治、强制戒毒或对精神病人实施的强制治疗即医患公法关系。总之，现实生活中具体运行的医患关系从法律角度而言都是医患法律关系，所以医患矛盾关系的本质就是医患法律关系。

第二节　医患矛盾关系的形态和类型

自从人类产生以来，医疗行为随之出现，从而必然产生医患矛盾关系。医患矛盾关系作为在诊疗过程中医方与患方之间的关系，是一种特殊的社会关系或人际关系。它既有一般人与人之间矛盾的共性，又同时具备着自身的特殊性质。因此，研究医患矛盾首先要了解其形态和类型。

一、医患矛盾的形态

医患矛盾关系源于患者由于病痛向医生寻求帮助，双方通过有效沟通，医生诊断病因，确定治疗方案，运用自身的专业知识和高尚医德使病人痊愈并得到抚慰。医患矛盾关系无外乎一种特殊的社会关系。人具有社会性，任何人的生存与发展都离不开社会，离不开与他人结成的各种社会关系。而人的需要正是人的活动和社会发展的动因所在。正如恩格斯所说："构成历史的真正的最后动力的动力，……是使广大群众、使整个整个的民族，并且在每一民族中间又是使整个整个阶级行动起来的动机。"① 动机即需要，需要是人际关系建立的基础，是一切社会现象、社会事件变化发展的根本原因。而健康的需要是我们人类永恒的追求，所以医疗实践可以说是人类最基本的实践活动之一。患者因为健康需要向医生寻求帮助，医生能够理解患者的痛苦，以仁爱之心给予患者关怀，切实解除患者的病痛，医患矛盾关系形成。诚然，并不是每个患者都能尊重医生，也不是每个医生都能本着一颗"仁爱之心"，所以医患矛盾关系时常出现激化的情况，如医患冲突与医疗纠纷。因此，什么样的医患矛盾关系才是正常的、合理的？如何将双方矛盾关系控制在合理的范围之内？这都是我们需要探讨的问题。

---

① 中共中央马克思恩格斯列宁斯大林著作编译局. 马克思恩格斯选集（第四卷）[M]. 北京：人民出版社，1995：255-256.

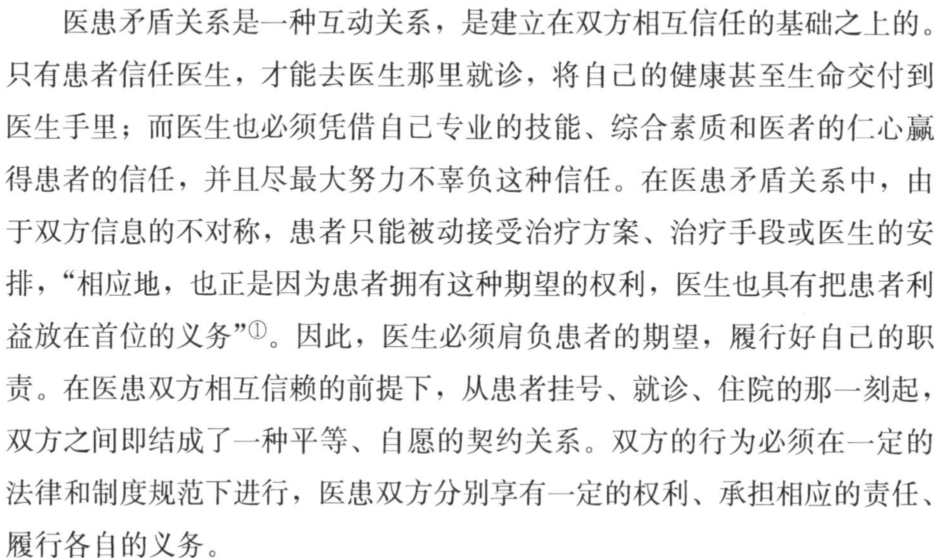

医患矛盾关系是一种互动关系，是建立在双方相互信任的基础之上的。只有患者信任医生，才能去医生那里就诊，将自己的健康甚至生命交付到医生手里；而医生也必须凭借自己专业的技能、综合素质和医者的仁心赢得患者的信任，并且尽最大努力不辜负这种信任。在医患矛盾关系中，由于双方信息的不对称，患者只能被动接受治疗方案、治疗手段或医生的安排，“相应地，也正是因为患者拥有这种期望的权利，医生也具有把患者利益放在首位的义务”[①]。因此，医生必须肩负患者的期望，履行好自己的职责。在医患双方相互信赖的前提下，从患者挂号、就诊、住院的那一刻起，双方之间即结成了一种平等、自愿的契约关系。双方的行为必须在一定的法律和制度规范下进行，医患双方分别享有一定的权利、承担相应的责任、履行各自的义务。

当今社会由于经济发展水平的限制，医疗服务还没有完全实现公益性。尤其是在医疗市场化倾向还十分明显的情况下，人们生活条件改善、健康需求日益增长，甚至可以说部分人的日常生活出现了医学化的趋势，这就容易形成社会医疗旺盛需求与医疗有效供给两方面的矛盾。尽管近年来我对医疗卫生体制加快了改革的步伐，把医疗卫生作为公共产品向社会提供，在国家和地方财政大幅度增加投入的情况下，基本医疗保障已经覆盖了几乎所有的社会成员，人人享有基本健康保障已经成为现实。但是，我国在医疗卫生保障方面由于历史的原因和其他多方面原因导致的欠账太多，如地域幅员辽阔，经济发展和自然禀赋差别较大，人们的生活水平和健康水平尚未达到一定的平等程度，虽然从一般制度和政策体系上作出了顶层设计，但是真正落实到经济发展不平衡的地区和那些社会弱势人群身上，尚需一个对平等追求真正实现的过程。比如，基本医疗保障的全覆盖，甚至包括大病的报销比例不断提高，但是对那些绝对贫困的家庭和患者来说，哪怕是支付占个人医疗总费用比例很小的那部分，都是非常大的困难。而

① 许志伟．中国当前的医疗危机与医护人员的专业责任和使命［J］．医学与哲学，2006（17）：1-6.

在国家和地方财政对目前占医疗资源主导地位的公立医院的投入还不足以完全承载社会医疗需求的情况下，医疗机构的市场行为就不可避免，因为医疗机构需要维持生存和发展，参与同类行业的竞争。医患矛盾关系不可能不是一种经济关系，甚至可以说，这种关系首先是一种经济关系。除非全民医疗保障都是免费的，国家承担所有的健康保障和疾病治疗费用，但是目前采用这种医疗卫生体制的国家还是十分有限的，即便是采用了这种体制的国家，也要看国家的财力情况，能为医疗保障切出多大一块蛋糕，是不是能够真正给社会成员提供满足他们需求的医疗保障。因为全覆盖但是极低水平的保障制度，从一定意义上说，也不能被看作真正提供了实际的健康保障。虽然我国目前向社会成员提供的健康保障已经达到了前所未有的水平，但是也不可能完全消除人们在医疗关系中明显的市场化、商业化感受，所以人们常常将消费市场中的消费关系或供求法则套用在医疗活动之中。患者被看作消费者，顾客即上帝，就应享受百分百满意的服务。随着医药费越来越贵，看病难和贵的问题没有被完全解决，甚至长时间得不到缓解，就医环境改善滞后，患者作为消费者感到自己所支付的高昂医疗费用与所获得的服务不成正比，对医方和院方的不满情绪逐渐累积，最终导致医患矛盾加剧，出现医疗纠纷。

医患双方的医疗价值目标是一致的，就是战胜病魔，摆脱疾病带来的痛苦，恢复机体健康，提高生命质量。为了实现这一目标，医生全心全意为患者服务，理解病人的痛苦、帮助病人、挽救病人，履行好自己的责任和义务；患者全心全意信任医生、尊重医生，听从医生的意见，自觉配合医生，医患双方结成同志战友式的情感关系。因此，也不能将医患矛盾关系片面地看作纯粹的经济关系，其中还包含着道德关系。如果将医患矛盾关系完全当作经济关系去对待，那么必将会无视其中的人道主义性质，引起对二者关系认识的偏差，从而误导双方关系的发展方向。

医患矛盾双方密不可分、缺一不可，在诊疗过程中也必须依靠双方的信赖与互动才能实现治愈疾病、提高生命质量的共同目标。双方的矛盾关

系展开过程具有以下一些特点：

其一，特殊的密切性。无法想象，如果缺少了医生和患者其中的任意一方，医疗实践活动还是否能够顺利进行？没有患者，没有疾病，医生也就没有存在的价值，医生这种职业和社会角色将不复存在；没有医生，疾病和痛苦肆意侵犯人类的健康，人的生命将会时时陷于险境，生命的延续和种族的繁衍甚至面临中断。此外，由于医疗活动的特殊性，患者有时为了配合治疗需要将自己的个人隐私告诉医生；医生也会认真倾听患者不为人知的秘密，并且为病人严格保守秘密。由此可见，作为共同与病魔作斗争的战友，他们之间密切相关。

其二，相对的不平等性。“由于医疗卫生服务的高度专业性和技术性在医疗服务的供给方和需求方之间势必会造成各自所掌握信息量的不对称。”① 因为信息严重的不对称性，医方占有患者病情、病因病理、治疗方案、病情预测和复查等信息，往往处于优势、主导地位；而患者缺乏专业的医学知识，掌握的信息较少，只能被动服从医生的安排，所以医患双方的地位是不平等的。

其三，目标的明确性。在医疗实践中，医患双方都有自主选择的权利，患者可以在众多的医务人员或医疗单位中选择适合自己的就诊；医方也有着自己的诊疗范围和治疗特色，这也属于有针对性地选择医治患者和疾病。一旦在自主选择的前提下医患关系形成，医患交往就有着直接和明确的目的。不管医患矛盾关系有多少种类型、多少种形式，双方的目的高度统一，就是治疗疾病，维护健康。患者就医是为了诊治疾病，获得救助，恢复健康；医务人员提供技术帮助，治病救人，帮助患者重获健康，从而履行职责、实现利益、体现价值。

其四，情感的适度性。医患矛盾关系不同于其他一般的社会关系，在临床诊疗中医生和患者都不是代表着自己，而是代表着各自所属的群体，

---

① 弓宪文，王勇，李廷玉．信息不对称下医患关系博弈分析［J］．重庆大学学报（自然科学版），2004（4）：126-129．

代表着特定的职业角色，所以双方都享有相应的权利、承担相应的义务，必须遵守特定的行为规范，这就决定了医患双方不会有过深或过浅的交流和沟通。如果在临床中，医生对患者态度冷漠，感情投入不够，不能做到对患者的关心和照顾，就必将影响医患交往，不利于治疗效果；如果医生投入过多的感情，设身处地、以情用事，势必会妨碍医生对其病情、治疗方案的正确判断，最终同样会影响诊疗效果。因此，医患矛盾关系应带有适度的情感，太浅或太深的情感投入都可能给双方关系或治疗疾病的效果带来隐患。

从哲学的角度来说，医患矛盾包括医患双方既对立又统一的关系。矛盾的同一性是指矛盾双方相互依存、相互贯通的性质和趋势。矛盾的斗争性是矛盾的对立面之间相互排斥、相互分离的性质和趋势。在事物的矛盾中，矛盾的斗争性是无条件的、绝对的，矛盾的同一性是有条件的、相对的。无条件的绝对的斗争性与有条件的相对的同一性相结合，构成事物的矛盾运动，推动事物的发展。矛盾双方无时无刻不在斗争，但是只有在特定的条件下才能和平共处，共居于一个统一体中。对于多种多样的斗争形式，可以区分为对抗性和非对抗性两种基本形式。相应地，医患矛盾关系就有两种结果：如果医患矛盾能够被控制在一定的范围内，围绕着利益、要求、期望、情感、观念等引发的分歧或对立，通过沟通、协商就可以解决，矛盾尚未激化，我们称之为非冲突矛盾；如果医患双方在利益、需要、态度、观点等方面发生水火不相容的对立或对抗，我们就称之为冲突性矛盾。冲突性矛盾是一种激化状态的矛盾，是双方关系紧张或失调的表现。

在医患关系中，双方既有着一致的目的和利益，也同时存在着矛盾和冲突。适度的矛盾和分歧可以通过双方的沟通、协商化于无形之中，这属于正常合理范围之内的矛盾。医学与疾病本身即矛盾，医患关系正是这种矛盾关系的现实表达，因为此矛盾关系乃医患关系的应有之义。但是，“由于社会对医疗卫生事业的支持力度不够导致看病难、看病贵，医疗机构自身管理不善，医患双方自律性欠缺等原因，尤其是医患双方的知识水平、利益需求、文化理念、道德修养、法律意识等方面存在差异，以及对医疗行为方式、效果理解的不同，常常造成医患矛盾与冲突"①。医患矛盾若不能得到及时有效解决，冲破了其应有之义或正常范围，矛盾进一步激化和发展就成为医患冲突。这种冲突外在显现为医患纠纷，导致医疗诉讼、医方患方对簿公堂，通过行政调解或司法审判，借助第三方介入才能使矛盾得到解决。当今社会正处在转型期，随着医疗机构不断市场化，医患关系的稳定格局被打破，医疗冲突或纠纷呈现高发性和复杂性的特点，成为当前医疗卫生事业所面临的严峻挑战，同样也影响着社会的和谐和稳定。

二、医患矛盾的类型

医患矛盾关系的类型按照不同的标准划分可以得出不同的结果。根据构成事物的诸多矛盾及每一矛盾的不同方面各有不同的性质、地位和作用，矛盾可被分为主要矛盾和次要矛盾。医患矛盾关系是发生在诊疗过程中的一种特定的人际关系，"求医问药"和"救死扶伤"可以说贯穿该矛盾的始终，所以根据与诊疗活动有无直接联系，医患矛盾关系同样是医患之间赖以形成的技术关系和非技术关系的特定矛盾形式。

技术关系是指医患双方在实际医疗活动中，在关于诊断、治疗、用药、手术和护理的沟通中建立的行为和地位关系。医患技术关系是联结医患双方的纽带，是其他各种关系和矛盾产生和维持的基础，是医患矛盾关系的核心，对医疗效果有着决定性的作用。患者的目的就在于借助医生的医学知识和专业技术祛除病痛、恢复健康，医生通过各种器械和仪器作用于患者，患者积极配合医生的治疗来实现自己的目的。医患技术关系也体现在医患双方在医疗活动中彼此间的地位上。毫无疑问，在技术关系中，医生处在主导地位，拥有更丰富的知识、经验和技能，对于确定和实施医疗方案发挥着无可替代的作用。因此，医生的技术水平、服务质量关系着病人

① 王晓波. 我国和谐医患关系的建构［M］. 成都：西南交通大学出版社，2014：13.

的健康和生命。当医患技术关系出现问题时，矛盾冲突甚至纠纷在所难免。

医患矛盾关系既然是人与人之间的关系，那么情感、道德、利益、法律、文化、心理、价值等人文因素必然渗透其中。非技术关系就是指医患矛盾关系中所蕴含的经济关系、道德关系、法律关系、文化关系、心理关系等。这些关系在无形之中影响着医患矛盾关系的发展和医疗效果的优劣。非技术关系具体体现在医德医风和服务态度上，如果医生为了自己的利益而进行过度医疗、防御医疗，加大患者的经济支出；如果医生不尊重和维护患者的权利，患者不尊重医生、不履行应尽的义务；如果医患双方不依照法律规定行使权利、履行义务；如果医生不尊重患者的生活习惯、思维方式、宗教信仰；如果医生不顾患者感受、置之不理、态度冷漠，不能设身处地同情患者的痛苦，就很难建立和谐的医患关系，医患之间的矛盾可能因为这种非技术关系的处理不当而导致矛盾升级乃至冲突。

引起医患矛盾的原因有很多，在双方接触的任何一个环节可能不经意间就能够引起医患矛盾，甚至冲突和纠纷。其中，既可能是因为诊疗过程中不当的医疗行为引发的矛盾，也可能是非医疗行为引发的矛盾，如医院乱收费、医护人员的态度问题、双方沟通问题、侵犯病人隐私权和知情同意权等。因此，依据矛盾的起因，我们可以将医患矛盾分为由医方引起的医源性矛盾和由患方或其他原因引起的非医源性矛盾。

在医源性矛盾中，根据医方在诊疗护理中有无过失，又可被分为医疗过失矛盾和非医疗过失矛盾。医疗过失矛盾指的是因医方过失所导致患者受到损害而引发的矛盾。医疗过失矛盾的责任通常在医方。多方面的原因可导致医疗过失矛盾，如个别医务人员因专业不精、操作不当，误诊误断，护理过程中出现过失；缺乏责任心，对患者检查不仔细，打错针、开错药，手术操作不规范；服务态度生硬，不允许病人提出疑问甚至对病人呼来喝去；管理人员硬性要求采取或不采取某种医疗措施；半市场化导致金钱至上的功利主义倾向；等等。

非医疗过失矛盾指的是非医方过失造成的患者不良后果但患方认定这

样的不良后果是由医方的过失造成而引发的医疗纠纷。在医疗活动中，医方完全按照医疗卫生行政法规、卫生法规、部门规章和诊疗护理规范、常规进行医疗活动，由于患者自身的生理原因或目前医疗技术水平的局限性，以及难以避免、无法预见的原因导致的医疗意外、并发症或猝死等情况，患者及其家属的医学知识有限，对上述情况不能接受和理解，片面认为是医方在医疗活动中存在错误和过失导致的这一结果，从而引发矛盾。

患者对医疗收费情况不了解或医方收费不当，医疗服务合同存在欺诈，药品、医疗器械存在质量问题，侵犯患者的知情同意权、选择权、名誉权，非法行医（医方对外承包的各科室）等，都可能引起医疗纠纷。有时由于患者单方面的不满意，对正确的医疗处理、疾病自然转归和并发症缺乏基本医学常识，也可以引起纠纷。

“非医源性矛盾引发的原因主要有两方面：一方面是患方原因。一些患者不尊重医生、不守院规、不遵医嘱、隐瞒病史；病人及其家属不考虑医学本身的复杂风险性，抱有不切实际的过高期望；病人的心理需求和反应很难脱离一定的社会文化背景；大多数人还没有认识到医疗服务不能简单地等同于消费合同，医疗服务的结果也不能用‘产品’的质量来衡量。”① 另一方面是社会原因。医院收费过高；政府对医疗的投入严重不足，看病难、看病贵的问题始终没有解决；新闻媒体的片面报道误导社会舆论等。

第三节　医患矛盾关系的应然样态

我国的医患纠纷时有发生，在各地多有呈现。医患之间的信任度受到某些个案的负面影响而有所降低。尽管医患关系是一种矛盾关系，但是这种矛盾关系的最终形态应当是正态化的，矛盾演化只有朝着这样的方向发

① 李瑞菊. 医疗纠纷原因分析及防范对策［J］. 基层医学论坛，2007（3）：182-183.

展，这种矛盾存在才具有合理性。这种合理性的根据主要在于，医患双方战胜疾病、维护健康、提高生命质量的目标具有高度一致性，矛盾只是在这种前提下必然建立的人与人之间的关系中包含着的可能的不一致性，而且因为这种矛盾关系本身蕴含着职业要求的人性善、人道主义，以及由疾病带来的治疗结果的不确定性等因素所决定的患方对医方的信任和理解，在斗争性与同一性之间，同一性会制约斗争性的方向和形式，斗争性只是同一性的一种特定存在方式，因为没有这种矛盾关系的形成，医患之间也就不可能建立任何关系，而患者患病必然看医生这一点又决定了双方与疾病抗争的力量一定是由医患双方共同形成的，所以医患双方的关系从根本上说具有和谐一致性。

一、何谓和谐的医患关系

和谐的医患关系是这样一种状态："每个公民都能平等地、有尊严、有权利地享受较好的医疗服务，医疗机构能为患者提供与其等级相对应的、优质的医疗资源、医疗水平、医疗服务，能开展医学科研、技术创新；医务人员能有尊严地享有较高的社会地位、物质保障，能保持良好的职业道德和敬业精神安心工作；国家能给每个公民、每个医疗机构提供强有力的法制保障、政策保障、物质保障，让患者看病不再受金钱困扰，让医疗机构不再担心高额赔偿；社会有规范的职能机构，可以维护医患权益、化解医患矛盾、鉴定医疗过错、解决医疗赔偿。"① 简单概括，和谐的医患关系即"尊重、信任、平等"。医患关系日益紧张、医患矛盾加剧的原因复杂多样，想要将医患矛盾关系控制在合理的范围内，实现医患关系的和谐就必须多管齐下。

二、"尊重"是医学的本质和核心

医患之间的相互尊重、相互信任、平等相待是这种关系正态化的表现，

---

① 王海波．浅谈和谐医患关系内涵及构建要素［J］．山西医药杂志，2012（10）：1044-1045.

是和谐医患关系建构的基本遵循，当然也是医患关系所应追求的理想目标。

尊重生命是这种尊重中最核心和最根本的。人的生命只有一次，生命的神圣性在于生命对每个人存在的价值是不可替代和不可重复的，尽管现代生命伦理学并不认为所有不同质量的生命都具有同等价值，但是就一般意义而言，生命的神圣决定了对生命的尊重没有道德上的余地，生命具有被尊重的绝对性。因此，生命的尊严是人类最高的道德价值准则。“健康所系，性命相托”是医生身上肩负的神圣使命，医学所追求的正是对人类生命的尊重和保护。尊重生命是医疗实践活动最基本的原则，任何漠视生命及其尊严的行为都必将受到道德的审判和内心的谴责。能否尊重生命、敬畏生命，是评价医生是否称职的基本标准。“医疗活动是一项高风险的活动。无论是在突发公共事件中，还是在日常的医疗救护中，医生遭受灾难袭击、病毒感染的概率都远远高于普通人。同时，由于目睹了太多的病痛、残缺和悲剧，他们的内心也会留下创伤。只有一个敬畏生命的医生，才能善待生命、珍惜生命、不顾一切去挽救生命。”① 因此，人文精神的核心是以人为一切的根本，人的生命、思想、理想应当受到关爱和尊重。

三、信任是临床医学的人性基础

患者去医院看病就医，首先要对医生和医院怀有信任感，当然前提是医生和医院能够提供让病人及其家属建立信任的多方面基础。信任医生和医院，就应该相信医生和医院能够尽最大力诊治疾病，患者有义务如实地陈述自己的病情，甚至在有些情况下要将一些涉及自身隐私的病情及相关的信息告知医务工作者，相信医务工作者会把涉及病人健康和生命的利益放在优先地位。而医方同样要信任患者及其家属，竭尽全力帮助患者治疗疾病，维护他们的健康，尽最大力挽救患者的生命。第四次国家卫生服务调查数据显示，“患者表示‘很信任’医生的只有 8.6%；88.3%的医务人

---

① 刘国栋. 医患关系的伦理学思考 [D]. 长春：吉林大学，2010：9.

员认为有必要防范患者的追究和质疑；仅有32.9%的人会采用有效但有风险的新技术”①。如果患者及其家属在就医前就先入为主地认为自己是医生和医院宰割的对象，认为自己可能会成为医院创收的摇钱树，自己的权益会受到侵害，甚至有些患者采取录音、录像等方式证明自己的所谓判断，这种不信任对医生和医院都是一种严重伤害，因为这种行为基于对医生和医院信誉的怀疑和猜忌，医患之间的信任在尚未建立时就已经陷入了信任危机，在诊疗过程中双方必然相互猜疑、互不信任、充满警惕、高度戒备，这样会形成互不信任的恶性循环。对医生来说，对患者的极端不信任会心有余悸，同时为了规避医疗风险，部分医护人员怕担责任，在诊治过程中越来越小心谨慎，采取“防御性医疗”，不敢创新，不敢探索新的治疗方案，回避高危手术和高危病人，存在“少做少错”的思想，对患者处处提防，对待患者的态度也越加冷漠，只要有1%的希望也要抢救就变成有99%的希望也要慎重考虑。医患之间的不信任导致很小的过失被不断放大，互相之间缺少谅解，矛盾随之激化，形成纠纷。因此，医生对其自身的工作性质要有充分的理解，有义务去保障患者的身心健康，并且把患者的利益放在首位。医生通过自身的专业知识和医疗服务，正确引导患者积极配合自己的工作，从而制定有效的治疗方案为患者免去疾病的痛苦。在治疗过程中，医生与患者之间应当开诚布公、诚恳相待，消除猜忌、相互信任。

四、平等是临床医学的天平

一般意义上的平等是指人们在社会上处于同等的地位，在政治、经济、文化等各方面享有同等的权利。人的年龄长幼、职业分工、收入多寡是有区别的，唯独每个人的人格都是平等的。首先要实现医者与患者在地位和人格尊严上的平等。虽然在医患关系中双方的角色是不对称的，但是不可否认，双方在人格上是平等的。医生不是高高在上决定病人生死的主宰者；

---

① 卫生部统计信息中心．中国医患关系调查研究：第四次国家卫生服务调查专题研究报告（二）［M］．北京：中国协和医科大学出版社，2010：105．

患者在临床诊疗过程与医生的交往中，可能因为医疗信息的不对称、医学知识的不对等、对诊疗手段的不了解，甚至因为经济的、文化的等各方面原因，处在一种相对被动的地位上，患者及其家属从心理上希望得到同情、理解、被重视和尊重。此外，患者还有其特殊心理，如对疾病的恐惧心理和急躁心理，对后遗症的担忧心理，诊断明确但还想请专家看看的求证心理，对疾病的治疗和愈后仍抱有幻想的心理等。医护人员对患者的这些心理应当给予高度重视，要设身处地替病人及其家属着想。应当做到把患者当亲人、视患者为父母和子女，对他们的生命和健康要具有高度负责的精神。

医生要做到平等地对待所有患者。一方面，患者虽有千差万别，但人人享有平等的生命健康权，每一个患者都应该享有平等的医疗保健权。医生应一视同仁地对待所有患者，不因社会地位、文化差异而有所区别。孙思邈在《大医精诚》中指出，“若有疾厄来求救者，不得问其贵贱贫富，长幼妍媸，怨亲善友，华夷愚智，普同一等，皆如至亲之想”。宋代儿科著作《小儿卫生总微论方》中也要求医生“贫富用心皆一，贵贱施药无别”。明代著名的医家龚廷贤同样也要求医家应该“一存仁心，博施济众”，在《万病回春·医家十要》中强调“贫富虽殊，药施无一”。《希波克拉底誓词》对医生提出这样的要求：“要尽己所能为病家谋利益，并且经常审视自我，不做各种害人及恶劣行为，能够站在病人的角度去思考问题，理解病人，并且诚实保密。”另一方面，从人们的健康意义上来看，患者应当能够平等地享有医疗资源。每个人都具有平等合理享受医疗资源的权利，享有参与医疗资源的分配和使用的权利。我国是发展中国家，医疗卫生资源的配置还不平衡，甚至存在地域间的巨大差异，如三级甲等医院的数量，我国东中部地区占据了总数的三分之二以上。“无论是欠发达或贫困地区，即便是边远山区，这些资源的利用率都可能很低，应尽量让每个社会成员尤其是弱势群体有机会和条件获得相应的基本医疗卫生服务，而不是一味地追求经济效益，更不是完全取决于个人支付能力。”① 医疗卫生资源的合理配置问题是卫生经济学与卫生经济伦理学的重要问题，卫生资源的合理配置涉及历史、环境、地域、经济和政治发展水平等多方面的问题，资源配置的平等性并不是绝对的，差别也是平等的一种形式，这是国家在制度层面需要解决的问题。同样，患者也不可以因为是医学服务的对象而被认为可以对医生颐指气使，对医院可以提出超越正常治疗规范的格外要求。医患之间的平等追求不是表现在知识与技能差异的弥合上，而是在人与人之间相互尊重和信任基础上建立的平等相待。

① 邱杰．当代医患纠纷的伦理域界［M］．合肥：安徽大学出版社，2011：131．

第四章　医疗纠纷中的权利与义务研究

第一节　患者的权利与义务

一、患者依法享有的权利

患者作为一个民事主体，依法享有《民法典》中规定的各项权利；患者作为医疗服务的接受者、安全健康利益的消费者，依法享有《中华人民共和国消费者权益保护法》（以下简称《消费者权益保护法》）规定的各项权利。

（一）知情同意权

知情同意权是《消费者权益保护法》中给予消费者的九项权利之一，《消费者权益保护法》第八条规定："消费者享有知悉其购买、使用的商品或者接受的服务的真实情况的权利。消费者有权根据商品或者服务的不同情况，要求经营者提供商品的价格、产地、生产者、用途、性能、规格、等级、主要成分、生产日期、有效期限、检验合格证明、使用方法说明书、售后服务，或者服务的内容、规格、费用等有关情况。"第十条规定："消费者享有公平交易的权利。消费者在购买商品或者接受服务时，有权获得质量保障、价格合理、计量正确等公平交易条件，有权拒绝经营者的强制交易行为。"《消费者权益保护法》把医疗服务接受者推上了享受医疗服务主人的位置。“同意”是医疗合同中的一项权利。患者到医院挂号后，医院和患者就形成了合同关系。因此，知情同意权对患者是权利，对医生是法定义务。

根据现行的《医师法》《中华人民共和国母婴保健法》《医疗机构管理条例》《医疗机构管理条例实施细则》《医疗事故处理条例》《病历书写基本规范》《民法典》等，都将知情同意权化为具体的事项进行了规定。

《医疗机构管理条例》第二十五条规定：“医疗机构必须将《医疗机构执业许可证》、诊疗科目、诊疗时间和收费标准悬挂于明显处所。”这实际上就是一种告知，让患者知情。第二十九条规定：“医疗机构工作人员上岗工作，必须佩带载有本人姓名、职务或者职称的标牌。”第三十二条规定：“医务人员在诊疗活动中应当向患者说明病情和医疗措施。需要实施手术、特殊检查、特殊治疗的，医务人员应当及时向患者具体说明医疗风险、替代医疗方案等情况，并取得其明确同意；不能或者不宜向患者说明的，应当向患者的近亲属说明，并取得其明确同意。因抢救生命垂危的患者等紧急情况，不能取得患者或者其近亲属意见的，经医疗机构负责人或者授权的负责人批准，可以立即实施相应的医疗措施。”

《医疗机构管理条例实施细则》第六十二条规定：“医疗机构应当尊重患者对自己的病情、诊断、治疗的知情权利。在实施手术、特殊检查、特殊治疗时，应当向患者作必要的解释。因实施保护性医疗措施不宜向患者说明情况的，应当将有关情况通知患者家属。”第八十八条规定：“特殊检查、特殊治疗：是指具有下列情形之一的诊断治疗活动：（一）有一定危险性，可能产生不良后果的检查和治疗；（二）由于患者体质特殊或者病情危笃，可能对患者产生不良后果和危险的检查和治疗；（三）临床试验性检查和治疗；（四）收费可能对患者造成较大经济负担的检查和治疗。”

《医疗事故处理条例》第十一条规定：“在医疗活动中，医疗机构及其医务人员应当将患者的病情、医疗措施、医疗风险等如实告知患者，及时解答其咨询；但是，应当避免对患者产生不利后果。”

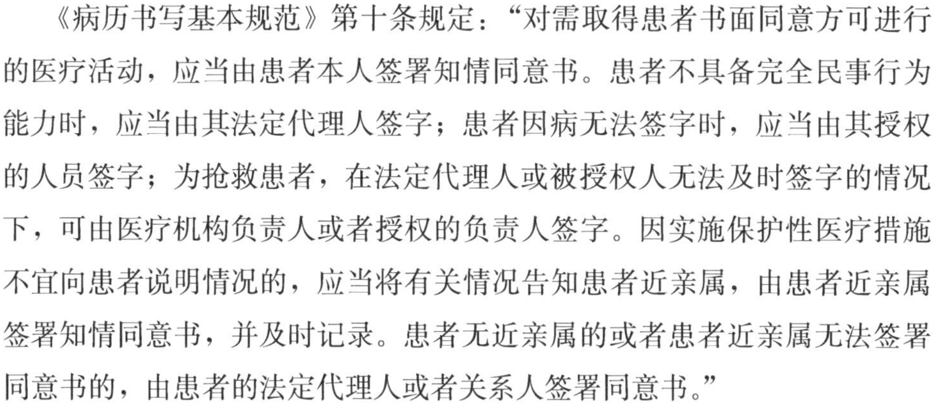

《病历书写基本规范》第十条规定："对需取得患者书面同意方可进行的医疗活动，应当由患者本人签署知情同意书。患者不具备完全民事行为能力时，应当由其法定代理人签字；患者因病无法签字时，应当由其授权的人员签字；为抢救患者，在法定代理人或被授权人无法及时签字的情况下，可由医疗机构负责人或者授权的负责人签字。因实施保护性医疗措施不宜向患者说明情况的，应当将有关情况告知患者近亲属，由患者近亲属签署知情同意书，并及时记录。患者无近亲属的或者患者近亲属无法签署同意书的，由患者的法定代理人或者关系人签署同意书。"

《民法典》第一千二百一十九条规定："医务人员在诊疗活动中应当向患者说明病情和医疗措施。需要实施手术、特殊检查、特殊治疗的，医务人员应当及时向患者具体说明医疗风险、替代医疗方案等情况，并取得其明确同意；不能或者不宜向患者说明的，应当向患者的近亲属说明，并取得其明确同意。医务人员未尽到前款义务，造成患者损害的，医疗机构应当承担赔偿责任。"

综上所述，患者的知情同意权比《消费者权益保护法》中规定的消费者知情权被相关法律法规规定得更加详细、更加完善、更加严格。

值得注意的是，知情和同意是两项权利。"知情"有绝对的，也有相对的，如有的必须告知，有的告知要根据情况掌握分寸；"同意"也是相对的，患者可以同意手术或不同意，但得了法定传染病（如麻风、霍乱）的患者就是不同意也要接受相应的治疗。

（二）医疗文件复制权

《医疗事故处理条例》第十条规定："患者有权复印或者复制其门诊病历、住院志、体温单、医嘱单、化验单（检验报告）、医学影像检查资料、特殊检查同意书、手术同意书、手术及麻醉记录单、病理资料、护理记录以及国务院卫生行政部门规定的其他病历资料。患者依照前款规定要求复印或者复制病历资料的，医疗机构应当提供复印或者复制服务并在复印或者复制的病历资料上加盖证明印记。复印或者复制病历资料时，应当有患者在场。”

（三）监督权

《消费者权益保护法》第十五条规定：“消费者享有对商品和服务以及保护消费者权益工作进行监督的权利。”就医患关系而言，患者可以对医院的医疗、护理、管理、保障、医德医风等各个方面进行监督。《医疗事故处理条例》第七条规定：“医疗机构应当设置医疗服务质量监控部门或者配备专（兼）职人员，具体负责监督本医疗机构的医务人员的医疗服务工作，检查医务人员执业情况，接受患者对医疗服务的投诉，向其提供咨询服务。”这是医疗机构的法定义务，也是患者的权利。

（四）在场权和共同委托权

《医疗事故处理条例》第十六条规定：“发生医疗事故争议时，死亡病例讨论记录、疑难病例讨论记录、上级医师查房记录、会诊意见、病程记录应当在医患双方在场的情况下封存和启封。”第十七条规定：“疑似输液、输血、注射、药物等引起不良后果的，医患双方应当共同对现场实物进行封存和启封，封存的现场实物由医疗机构保管；需要检验的，应当由双方共同指定的、依法具有检验资格的检验机构进行检验；双方无法共同指定时，由卫生行政部门指定。”

（五）请求回避权

《医疗事故处理条例》第二十六条规定：“专家鉴定组成员有下列情形之一的，应当回避，当事人也可以以口头或者书面的方式申请其回避：（一）是医疗事故争议当事人或者当事人的近亲属的；（二）与医疗事故争议有利害关系的；（三）与医疗事故争议当事人有其他关系，可能影响公正鉴定的。”

（六）求偿权

《消费者权益保护法》第十一条规定：“消费者因购买、使用商品或者接受服务受到人身、财产损害的，享有依法获得赔偿的权利。”《医疗事故处理条例》第五十二条规定：“医疗事故赔偿费用，实行一次性结算，由承担医疗事故责任的医疗机构支付。”

（七）生命健康权

《民法典》第一千零二条规定：“自然人享有生命权。自然人的生命安全和生命尊严受法律保护。任何组织或者个人不得侵害他人的生命权。”第一千零四条规定：“自然人享有健康权。自然人的身心健康受法律保护。任何组织或者个人不得侵害他人的健康权。”患者家属对这一权益的注重点：①医疗行为是否导致了患者的各种并发症或不良后果，而且导致这些不良后果的原因是医务人员不负责任或存在技术过失或医院管理存在问题。②患者在医院期间医务人员是否按照等级护理规定巡视，及时发现和妥善处理，措施得当。③在患者濒危时，医务人员是否给予了及时、有效、积极、足够的救治。④各种疾病晚期患者，临终前应该给予道义上的治疗，这也是临终患者的权利。

（八）人身权

《民法典》第一千零三条规定：“自然人享有身体权。自然人的身体完整和行动自由受法律保护。任何组织或者个人不得侵害他人的身体权。”《消费者权益保护法》第七条规定：“消费者在购买、使用商品和接受服务时享有人身、财产安全不受损害的权利。”患者在接受医疗服务时，其人身权受法律保护，其对自己的肢体、组织、器官、容貌等拥有支配权。不经患者同意及其家属签字，医院一般不能随意处置。但也有例外，即患者处在危险、紧急状态，意识丧失，无法找到其家属，必须立即处置，否则危及患者的生命。

（九）姓名权

《民法典》第一千零一十二条规定：“自然人享有姓名权，有权依法决定、使用、变更或者许可他人使用自己的姓名，但是不得违背公序良俗。”第一千零一十四条规定：“任何组织或者个人不得以干涉、盗用、假冒等方式侵害他人的姓名权或者名称权。”曾出现医疗机构的医务人员盗用或假冒患者姓名为自己开药的情况，这严重侵犯了患者的民事权利。

（十）肖像权

《民法典》第一千零一十八条规定：“自然人享有肖像权，有权依法制作、使用、公开或者许可他人使用自己的肖像。”第一千零一十九条规定：“任何组织或者个人不得以丑化、污损，或者利用信息技术手段伪造等方式侵害他人的肖像权。未经肖像权人同意，不得制作、使用、公开肖像权人的肖像，但是法律另有规定的除外。未经肖像权人同意，肖像作品权利人不得以发表、复制、发行、出租、展览等方式使用或者公开肖像权人的肖像。”如果医方未经患者同意，利用患者肖像作为吸引其他患者的宣传工具，这就带有商业广告的性质了，也就是有间接营利目的，属于侵犯患者肖像权的行为。

（十一）平等医疗权

《消费者权益保护法》第十条规定：“消费者享有公平交易的权利。消费者在购买商品或者接受服务时，有权获得质量保障、价格合理、计量正确等公平交易条件，有权拒绝经营者的强制交易行为”。因此，任何患者在接受医疗服务时，医疗保健享有权是平等的；患者享受医疗服务的价格，应该是符合国家、省、自治区、直辖市统一标准的、合理的价格；医院在为患者提供医疗服务的过程中，必须执行国家法定计量单位，所有医用计量器具必须准确。

（十二）服务选择权

《消费者权益保护法》第九条规定：“消费者享有自主选择商品或者服务的权利。消费者有权自主选择提供商品或者服务的经营者，自主选择商品品种或者服务方式，自主决定购买或者不购买任何一种商品、接受或者不接受任何一项服务。消费者在自主选择商品或者服务时，有权进行比较、鉴别和挑选。”体现在患者一方，有比较、鉴别和选择医疗机构、就诊方式、检查项目、治疗方案、药品，甚至医师、护士的权利；在这种选择权中，包括患者经过比较鉴别可以说“不”的拒绝权。但患者及其家属在行使自己的选择权时，应注意两点：一是患者或其家属说“不”后，应该在患者病历中签字，以示对自己的选择负责。二是遇急救患者，患者家属应慎用“拒绝权”。

（十三）名誉权、隐私权

《民法典》第一千零二十四条规定：“民事主体享有名誉权。任何组织或者个人不得以侮辱、诽谤等方式侵害他人的名誉权。”

《消费者权益保护法》第十四条规定：“消费者在购买、使用商品和接受服务时，享有人格尊严、民族风俗习惯得到尊重的权利，享有个人信息依法得到保护的权利。”

《民法典》第一千零三十二条规定：“自然人享有隐私权。任何组织或者个人不得以刺探、侵扰、泄露、公开等方式侵害他人的隐私权。”从医疗实践看，医方要保护患者的隐私，避免患者精神、心理免受各种有害因素的侵害和刺激。《民法典》第一千二百二十六条规定：“医疗机构及其医务人员应当对患者的隐私和个人信息保密。泄露患者的隐私和个人信息，或者未经患者同意公开其病历资料的，应当承担侵权责任。”

（十四）免责权

患者获得医疗机构证明后，可免除一定的社会责任，同时有权利得到各种福利保障。比如，可暂时免除继续上班、服兵役等责任。

二、患者应履行的义务

其一，按时支付医疗费用的义务。

其二，如实告知病情并遵循医嘱的义务。患者在告诉病情和治疗情况时，有义务尽可能详细、真实地提供病史，告知医生治疗前后的情况，不说谎、不隐瞒，以便医务人员作出正确的诊疗方案。

其三，诊疗方案作出并取得患者同意后，患者有配合医务人员进行诊疗的义务。其具体表现为遵循医嘱进行相关的检查、治疗和康复活动。

其四，自觉遵守医院规章制度的义务，如伤病员就诊、住院须知、伤病员亲属探视制度、陪床制度、术前签字制度、就餐制度、作息制度、交费制度、出院制度等。

其五，不得盗窃、抢夺病历的义务。

其六，正常出院的义务。不准以任何借口长期占据病床拒不出院。

其七，对有患者死亡的，患者家属有配合尸检、尽快查明死因，不长期停放尸体，依法处理尸体的义务。

其八，尊重医务人员及其劳动的义务。不允许借口医疗事故打骂医务人员。

其九，自觉维护医疗秩序的义务。不能大声喧哗，保持清洁卫生，不干扰医务人员的正常医疗活动，不损坏医院财产。对寻衅滋事、打砸医院、殴打和侮辱医务人员的人，情节轻微的由公安机关按照《中华人民共和国治安管理处罚法》（以下简称《治安管理处罚法》）有关规定予以治安处罚；情节严重、触犯刑律的，依法追究刑事责任。

第二节　医疗机构及医务人员的权利与义务

一、医疗机构享有的权利

医院合法权益与其他民事主体一样，概括起来有以下三个方面的权利：

其一，作为独立法人，医院要在社会中依法活动，接受行政机关的管理。同时，行政机关也要依法管理，如有行政违法，医院可以进行行政诉讼，这也是很重要的权利。

其二，院长对内部的管理权。不管什么性质的医院，都要依法管理，如对违反规章制度的员工进行批评教育，对因违反规章制度造成不良后果的员工作出行政处理等。

其三，医院是诊治疾病的地方，具有独立的法律地位，也要独立承担民事责任。对于医疗纠纷和医疗事故，医院既然是独立的民事法律主体，就应具有相应的权利和承担相应的责任。例如，依据有关规章制度和诊疗的实际需要对患者进行必要的管理；依照物价部门及卫生行政部门的规定向患者收取费用；等等。

医院权益要引起全社会的重视，对医院合法权益，司法部门应加强保护，依法解决纠纷；医疗机构要重视自身权益的保护，如对医务人员加强培训，弥补过失，力争降低损失，转移风险，加强医患沟通等。

二、医疗机构应承担的义务

其一，在与卫生行政部门的关系中，医疗机构是行政管理的对象，应履行行政法规赋予医疗机构的义务。例如，发生重大疫情和灾难事件后，各级各类医疗机构有义务服从卫生行政部门的调剂，具体落实参加疫情、灾情控制的人员；接受卫生行政部门对其执业活动的检查、指导；按医疗广告管理办法的规定发布医疗广告；等等。

《医疗事故处理条例》第十四条规定："发生医疗事故的，医疗机构应当按照规定向所在地卫生行政部门报告。发生下列重大医疗过失行为的，医疗机构应当在12小时内向所在地卫生行政部门报告：（一）导致患者死亡或者可能为二级以上的医疗事故；（二）导致3人以上人身损害后果；（三）国务院卫生行政部门和省、自治区、直辖市人民政府卫生行政部门规定的其他情形。"卫生部于2002年发布的《重大医疗过失行为和医疗事故报告制度的规定》中又对报告的内容进行了明确，并且对协商解决的或诉讼解决的医疗事故争议的报告制度进行了明确。

其二，在医疗机构的内部管理方面，《医疗事故处理条例》规定医疗机构有加强医务人员相关法律法规、职业道德及技术规范的教育、培训的义务（第六条）；有加强医疗服务质量的监控，设立质控部门或配备专（兼）职人员的义务（第七条）；有制订医疗事故预防和处理预案的义务（第十二条）；有防止损害扩大的义务（第十五条）；等等。此外，医方还有为员工创造必要的工作环境、提供必要的工作条件、根据实际情况为员工提供福利等义务。

其三，作为民事性医疗法律关系的主体，医疗机构有对病情、医疗措施、医疗风险等的告知义务；有加强组织管理、认真负责地向患者提供医疗服务的义务；有从合法途径依法购买质量合格的药品、医疗用品、医疗器械和依法定途径取得血液及其制品的义务；有妥善管理、使用、维护药品、医疗用品及医疗仪器设备的义务；有对本单位医务人员在诊疗活动中因过错给患者造成损害依法承担赔偿责任的义务等。

三、医疗机构违反义务应承担的法律责任

根据《医疗事故处理条例》的有关规定，医疗机构承担的法律责任包括以下三种情形：

（一）医疗机构发生了医疗事故

1. 行政处理

处理的依据是医疗事故等级和情节，处理的方式为行政处罚。处罚的种类：一是给予警告。二是情节严重的，责令限期停业整顿直至由原发证部门吊销执业许可证。三是对负有责任的医务人员依照《刑法》关于医疗事故罪的规定，依法追究刑事责任；尚不够刑事处罚的，依法给予行政处分或纪律处分。四是对发生医疗事故的有关医务人员，除依照前款处罚外，卫生行政部门可以责令其暂停 6 个月以上 1 年以下执业活动；情节严重的，吊销其执业证书。

2. 民事赔偿

处理依据为《医疗事故处理条例》中有关赔偿的规定及《民法典》《消费者权益保护法》《产品质量法》等。处理的方式有自行协商、调解、诉讼。

（二）医疗机构有违反《医疗事故处理条例》规定的行为

1. 行政处理的原因

医疗机构有下列情形之一：

（1）未如实告知患者病情、医疗措施和医疗风险的。

（2）没有正当理由，拒绝为患者提供复印或者复制病历资料服务的。

（3）未按照国务院卫生行政部门规定的要求书写和妥善保管病历资料的。

（4）未在规定时间内补记抢救工作病历内容的。

（5）未按照本条例的规定封存、保管和启封病历资料和实物的。

（6）未设置医疗服务质量监控部门或者配备专（兼）职人员的。

（7）未制订有关医疗事故防范和处理预案的。

（8）未在规定时间内向卫生行政部门报告重大医疗过失行为的。

（9）未按照本条例的规定向卫生行政部门报告医疗事故的。

（10）未按照规定进行尸检和保存、处理尸体的。

2. 处罚的种类

（1）由卫生行政部门责令改正。

（2）情节严重的，对负有责任的主管人员和其他直接责任人员依法给予行政处分或者纪律处分。

（三）承担尸检任务的医疗机构没有正当理由拒绝进行尸检的，或者涂改、伪造、隐匿、销毁病历资料的

处罚有三种：一是由卫生行政部门责令改正，给予警告。二是对负有责任的主管人员和其他直接责任人员依法给予行政处分或者纪律处分。三是情节严重的，由原发证部门吊销其执业证书或者资格证书。

四、医务人员的权利与义务

（一）医务人员的权利

根据《医师法》《医疗事故处理条例》等有关法律法规的规定，医师在执业活动中享有的权利：在注册的执业范围内，进行医学诊查、疾病调查、医学处置、出具相应的医学证明文件，选择合理的医疗、预防、保健方案；按照国务院卫生行政部门规定的标准，获得与本人执业活动相当的医疗设

备基本条件；从事医学研究、学术交流，参加专业学术团体；参加专业培训，接受继续医学教育；在执业活动中，人格尊严、人身安全不受侵犯；获取工资报酬和津贴，享受国家规定的福利待遇；对所在机构的医疗、预防、保健工作和卫生行政部门的工作提出意见和建议，依法参与所在机构的民主管理。

（二）医务人员在执业活动中履行的义务

遵守法律法规，遵守技术操作规范；树立敬业精神，遵守职业道德，履行医师职责，尽职尽责为患者服务；关心、爱护、尊重患者，保护患者的隐私；努力钻研业务，更新知识，提高专业技术水平；宣传卫生保健知识，对患者进行健康教育。

第三节 鉴定人在医疗损害司法鉴定中的权利与义务

由于医疗事故技术鉴定具有行政鉴定的性质，实行的是合议制的鉴定原则，鉴定人不用在鉴定书上签名，鉴定的组织者是医学会，有关权利的享有者也是医学会，如调查取证权，延期、中止、终止鉴定权等都为医学会所享有，所以专家鉴定组中的成员除对技术负责外，无实质性的权利和义务。但是，《医疗事故处理条例》对医疗事故鉴定专家规定了责任，参加医疗事故技术鉴定工作的人员违反《医疗事故处理条例》的规定，接受申请鉴定双方或者一方当事人的财物或者其他利益，出具虚假医疗事故技术鉴定书，造成严重后果的，依照《刑法》关于受贿罪的规定，依法追究刑事责任；尚不够刑事处罚的，由原发证部门吊销其执业证书或者资格证书。

由于医疗过错的鉴定属于司法鉴定，司法鉴定人有何权利和义务，违反义务应承担怎样的责任？司法部 2005 年 9 月 30 日公布实施的《司法鉴定人登记管理办法》第二十一条规定司法鉴定人享有的权利：“（一）了解、查阅与鉴定事项有关的情况和资料，询问与鉴定事项有关的当事人、证人

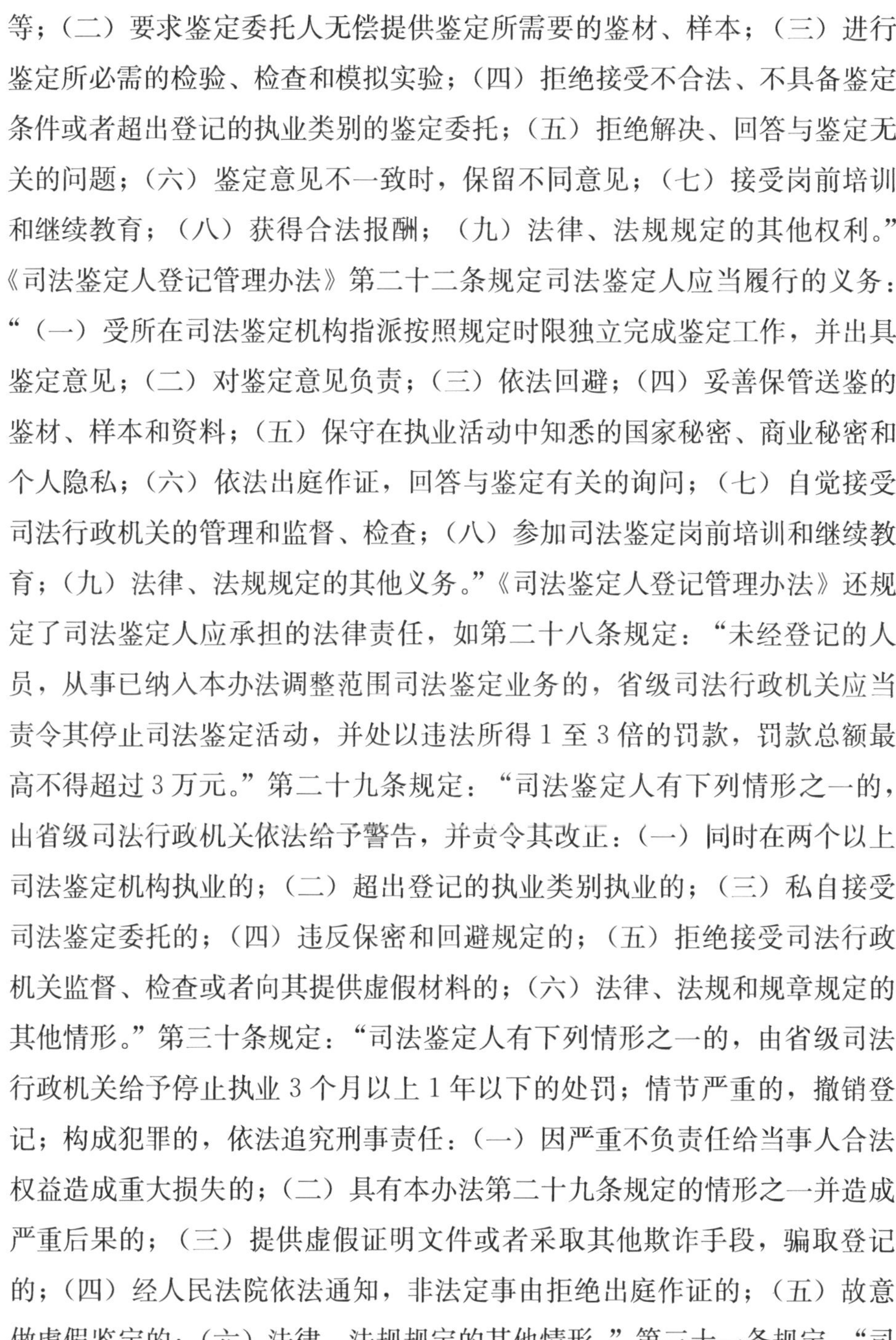

等；（二）要求鉴定委托人无偿提供鉴定所需要的鉴材、样本；（三）进行鉴定所必需的检验、检查和模拟实验；（四）拒绝接受不合法、不具备鉴定条件或者超出登记的执业类别的鉴定委托；（五）拒绝解决、回答与鉴定无关的问题；（六）鉴定意见不一致时，保留不同意见；（七）接受岗前培训和继续教育；（八）获得合法报酬；（九）法律、法规规定的其他权利。”《司法鉴定人登记管理办法》第二十二条规定司法鉴定人应当履行的义务：“（一）受所在司法鉴定机构指派按照规定时限独立完成鉴定工作，并出具鉴定意见；（二）对鉴定意见负责；（三）依法回避；（四）妥善保管送鉴的鉴材、样本和资料；（五）保守在执业活动中知悉的国家秘密、商业秘密和个人隐私；（六）依法出庭作证，回答与鉴定有关的询问；（七）自觉接受司法行政机关的管理和监督、检查；（八）参加司法鉴定岗前培训和继续教育；（九）法律、法规规定的其他义务。”《司法鉴定人登记管理办法》还规定了司法鉴定人应承担的法律责任，如第二十八条规定：“未经登记的人员，从事已纳入本办法调整范围司法鉴定业务的，省级司法行政机关应当责令其停止司法鉴定活动，并处以违法所得 1 至 3 倍的罚款，罚款总额最高不得超过 3 万元。”第二十九条规定：“司法鉴定人有下列情形之一的，由省级司法行政机关依法给予警告，并责令其改正：（一）同时在两个以上司法鉴定机构执业的；（二）超出登记的执业类别执业的；（三）私自接受司法鉴定委托的；（四）违反保密和回避规定的；（五）拒绝接受司法行政机关监督、检查或者向其提供虚假材料的；（六）法律、法规和规章规定的其他情形。”第三十条规定：“司法鉴定人有下列情形之一的，由省级司法行政机关给予停止执业 3 个月以上 1 年以下的处罚；情节严重的，撤销登记；构成犯罪的，依法追究刑事责任：（一）因严重不负责任给当事人合法权益造成重大损失的；（二）具有本办法第二十九条规定的情形之一并造成严重后果的；（三）提供虚假证明文件或者采取其他欺诈手段，骗取登记的；（四）经人民法院依法通知，非法定事由拒绝出庭作证的；（五）故意做虚假鉴定的；（六）法律、法规规定的其他情形。”第三十一条规定：“司法鉴定人在执业活动中，因故意或者重大过失行为给当事人造成损失的，其所在的司法鉴定机构依法承担赔偿责任后，可以向有过错行为的司法鉴定人追偿。”第三十二条规定：“司法行政机关工作人员在管理工作中滥用职权、玩忽职守造成严重后果的，依法追究相应的法律责任。”第三十三条规定：“司法鉴定人对司法行政机关的行政许可和行政处罚有异议的，可以依法申请行政复议。”

第五章　医疗纠纷中的责任研究

第一节　医疗纠纷中的民事责任

一、医患民事关系的争论

对于医患关系，学者们从没有放弃质疑。一种观点认为，从医患双方的主体关系看，医方不属于公共当局或国家机关，医患之间不是管理与被管理、指令与服从之间的关系，而是平等的主体关系。他们之间的关系是由私人自愿行为所形成的，而不是依据公共职权的强制而形成的，而且这种关系涉及的法律规范是根据他们之间的相互协议可更改的规范，不是强制的不可更改的规范，也不是依据职权才生效的规范。因此，他们之间主要构成民事法律关系。另一种观点认为，在就医过程中，医生处于主导地位，病人处于配合地位；医生不可以选择病人，病人对医生的选择也有限；医疗收费未按成本收费等，所以不具备平等主体的特征，从而构成行政上的隶属关系。而大多数学者指出，尽管医患之间在医疗服务和管理过程中存在管理与被管理的关系，但医疗行业属于特殊性的技术服务行业，需要患者的积极合作，而且患者在达到恢复健康目的的治疗过程中明显存在对医务人员的依赖性，使双方的权利和义务并不完全对应，但不能作为否定医患关系在法律上的平等性的理由。我们认为，公民的权利与义务是对等的，没有无权利的义务，也没有无义务的权利。患者在选择医疗机构的过程中享有充分的自由权，所以在接受医疗机构行为的过程中应该积极配合医生，履行自己的义务，形成医患双方在地位上的原则性平等。患者在医疗技术方面依赖医生，同时医生在清楚掌握疾病方面也要依赖患者，没有患者的积极配合，再好的医生也无能为力。

二、当前医疗纠纷处置中民事责任存在的问题

（一）患方不能通过合法途径解决纠纷

医疗纠纷发生后，有些患者及家属因受到精神和心理上的创伤而把目光转向医疗机构，因为在行医过程中，由医生全权负责患者的健康，如果发生坏的结果，首先被质疑的对象便是医生。而医疗机构作为医生所在单位的法人代表，自然要承担相应的义务。找医疗机构理论这是人之常情，和解、行政调解、人民调解、仲裁及诉诸司法诉讼，这些方式都可以解决医疗纠纷，然而有些不理智的患者及家属不愿采取合法的方式解决纠纷，如今越演越烈的“医闹”就是其中的一种表现。所谓“医闹”，是指受雇于医疗纠纷患方的有关人员，与患者及其家属一起，采取各种方式，以严重妨碍医疗秩序、扩大事态、给医疗机构造成负面影响的形式向医疗机构施加压力而从中牟利的行为。“医闹”常常采用的方式如在医院设灵堂、摆花圈、拉横幅、打砸财物、设置障碍阻挡患者就医，或者辱骂或殴打医务人员、跟踪医务人员，或者在诊室、病房、医师办公室、领导办公室内滞留，等等。针对这些行为，卫生部、公安部于 2012 年 4 月 30 日联合发布《关于维护医疗机构秩序的通告》，以及全国人大常委会于 2015 年 8 月 29 日通过的《中华人民共和国刑法修正案（九）》（以下简称《刑法修正案（九）》）均明确指出，警方将依据《治安管理处罚法》对“医闹”等予以处罚，乃至追究刑事责任。患者本可以通过合法途径维护自己在就医过程中的权益，然而“医闹”的方式使患者变成被告，成为社会指责、批判的对象。因此，在医疗纠纷的民事责任承担中，患方需承担的责任就是在受

到损害后选取合理合法的方式维护自己的正当利益。这是患方的权利，也是义务。

（二）医疗机构不能积极配合纠纷的解决

《民法典》第一千二百一十八条规定：“患者在诊疗活动中受到损害，医疗机构或者其医务人员有过错的，由医疗机构承担赔偿责任。”因此，患方要想获得赔偿，最重要的是提供有力的证据证明医疗机构的诊疗行为存在过错，而最重要的证据就是患者的就诊病历及相关物证。作为医疗纠纷中受损害的患者，在发生医疗纠纷后，首要工作就是按医疗管理相关规定，经过医疗机构病历管理部门对病历进行封存和复印，如有必要，也要对相关物证进行封存，如输液器、患者所用药品、辅助检查的电子数据、手术器械等。然而，有的医院为了避免高额赔偿，通常想尽各种办法掩盖事实真相，突出做法是伪造病历或修改病历。这样一来，医患之间的关系便更加激化，容易造成不可预测的后果。医患双方在纠纷发生后应该致力于纠纷的解决，而不能为了一方的利益去损害另一方的利益。掩盖事实的行为轻则会使矛盾激化升级，重则会构成犯罪。另一种情形是医疗机构在医疗纠纷发生后，不能积极应对纠纷，而是对患者采取冷漠无视，甚至打压的态度，期望患者知难而退，自动放弃维权。这样的处理方式也是错误的。医疗纠纷的产生可能医患双方均有责任，或者单纯是某一方的责任，但不能否定或无视矛盾的存在，而应积极致力于解决纠纷、消除矛盾。因此，医疗机构应该承担的民事责任就是无论在病历及物证的调取上，还是在接受来访的服务态度上，都应该积极配合患者，做到尊重事实、坦然应对。

三、优化医疗纠纷民事责任承担的途径

（一）患者通过正当途径维护权益

1. “医闹”不可取

2012 年 4 月，卫生部、公安部发布《关于维护医疗机构秩序的通告》，严厉打击“医闹”行为。2014 年 3 月，公安部发布《公安机关维护医疗机

构治安秩序六条措施》，对扰乱医疗秩序情节较轻的，依法予以治安管理处罚；构成犯罪的，依法追究刑事责任。2014 年 4 月 22 日，最高人民法院、最高人民检察院、公安部、司法部、国家卫生和计划生育委员会（以下简称“国家卫计委”）联合发布《关于依法惩处涉医违法犯罪维护正常医疗秩序的意见》，明确了六类涉医违法犯罪行为的定罪量刑。2015 年 8 月 29 日，全国人大常委会通过的《刑法修正案（九）》也明确规定警方将依据《治安管理处罚法》对“医闹”等行为予以处罚，乃至追究刑事责任。国家对“医闹”形成高压态势，“医闹”不但不能维护自己的合法权益，反而可能让自己犯罪，受到法律的制裁。因此，发生医疗损害的患方绝不可以“医闹”的方式维权索赔，置自己于受法律制裁的风险之中。

2. 注意固定证据

维权靠的是证据，口说无凭。因此，证据的收集异常重要，患者应注意保留自己的病历及其他相关物证。如果患者死亡，也可以通过尸检获得有效证据，以促进纠纷的合理解决。

3. 选择人民调解解决纠纷

人民调解作为一种便捷的医疗纠纷解决方式、一种免费的医疗纠纷救助行为，是国家大力提倡的。由于它不仅拥有熟悉医学、法学的调解员队伍，而且调解成功率高、耗时短、花费少，所以对于患者来说是一种非常好的维权途径。

（二）积极提高医疗机构的服务质量和行医水平

其一，全面实施住院医师规范化培训，落实医护人员的培训任务，提高医生、护士的职业素质和专业水平。

其二，推动医务人员薪酬制度改革，改善医务人员待遇，提高医务人员的工作积极性，以防止和减少推诿现象。

其三，加强医德医风建设，深入开展“三好一满意”、义诊、改善医疗服务等活动，增强群众的满意度和认同感，从源头上减少医疗纠纷的发生。

其四，医疗机构要设立或指定部门承担投诉管理工作，有条件的医疗机构可以设立网络投诉平台，做到投诉必管、投诉必复，力争把医疗纠纷化解在萌芽状态。

第二节　医疗纠纷中的行政责任

一、行政责任概述

行政责任指的是经济主体违反经济法律法规，依法应承担的行政法律后果。而医患关系中医方的行政责任主要指医疗事故的行政责任，即医务人员因在诊疗护理工作中不遵守规章制度和操作规程，违反行政法律规范，造成患者严重不良后果而应承担的法律责任。行政处理医疗事故包括两方面的内容：一是在医疗事故发生后，卫生行政部门对发生医疗事故的医疗机构及其医务人员的行政处理；二是应当事人请求，对医疗事故争议的处理。对医患双方采取自行协商解决的，《医疗事故处理条例》也将其作为一种解决途径进行了规定。对医疗事故争议的处理，《医疗事故处理条例》规定了医疗事故鉴定途径、协商调解途径和诉讼途径。其他医疗卫生法律法规也对医疗机构及其医务人员的违法违规行为作了明确规定，如《医师法》第六章法律责任、《医疗机构管理条例》第六章罚则、《医疗机构管理条例实施细则》第七章处罚和《中华人民共和国护士管理办法》第五章罚则、《医疗事故处理条例》第六章罚则等。

二、医疗行政责任的承担途径

行政机关对违法违规的医疗机构和医务人员作出行政处理的决定，包括行政处罚和行政处分。行政处罚是由行政机关对实施违法行为的直接责任者所作的具有惩戒性的行政行为。行政处罚的对象是违反行政管理法律法规的公民、法人或其他组织。而行政处分则是由直接责任者所在的单位或上级行政机关根据有关行政法规和单位内部的规章制度、行政命令对其作出的处理措施，行政处分的对象则是上级机关所属下级机关及其工作人员。与民事责任不同，行政责任要件更注重违法行为而不特别强调损害后果，有时只要违法行为特别恶劣，如违反规章制度，没有损害后果，也要承担行政责任。需要注意的是，对个体开业医生不适用行政处分。追究患方行政法律责任往往是由于患方违反了《治安管理处罚法》。有的病人或家属借口医疗单位发生医疗事故而寻衅滋事，扰乱医院正常工作秩序，侵犯医疗机构的财产权和医务人员的人身权，其中尚不构成犯罪的，要受到行政处罚。2001 年 8 月、2012 年 4 月、2014 年 3 月、2014 年 4 月，最高人民法院、最高人民检察院、国家卫计委、公安部、司法部等多次发布了加强医疗机构治安管理的通告，规定买卖医疗机构挂号凭证，在医疗机构内寻衅滋事，在医疗机构内故意损坏公私财物，利用封建迷信扰乱医疗机构秩序，损害他人身体健康或骗取财物，偷窃医疗机构、医务人员及患者财物，以及其他扰乱医疗机构正常诊疗秩序的行为，由公安机关依据《治安管理处罚法》予以处罚。

第三节 医疗纠纷中的刑事责任

2015 年 4 月 22 日，最高人民法院、最高人民检察院、公安部、司法部、国家卫计委联合公布了《关于依法惩处涉医违法犯罪维护正常医疗秩序的意见》，重点打击在医疗机构私设灵堂扰乱工作秩序等六类涉医违法犯罪行为，明确了“严格执法”的方针——对于医疗机构及其医务人员在治疗过程中并无过错，被告人无端猜疑，蓄意报复，犯意坚决，采取残忍手段杀害、伤害医务人员，人身危害性大、社会危害性大的，坚决依法从严惩处；应当判处死刑的，绝不手软，依法判处。2015 年 8 月 29 日，全国人大常委会通过的《刑法修正案（九）》也明确规定：“聚众扰乱社会秩序，情节严重，致使工作、生产、营业和教学、科研、医疗无法进行，造成严重损失的，对首要分子，处三年以上七年以下有期徒刑；对其他积极参加的，处三年以下有期徒刑、拘役、管制或者剥夺政治权利。”

一、医疗纠纷刑事责任的概述

刑事责任是依据国家刑事法律规定，对犯罪分子追究的法律责任。刑事责任与行政责任的不同之处：一是追究的违法行为不同。追究行政责任的是一般违法行为，追究刑事责任的是犯罪行为。二是追究责任的机关不同。追究行政责任由国家特定的行政机关依照有关法律规定决定，追究刑事责任只能由司法机关依照《刑法》的规定决定。三是承担法律责任的后果不同。追究刑事责任是最严厉的制裁，最高可以判处死刑，比追究行政责任严厉得多。刑事责任包括两类问题：一是犯罪；二是刑罚。医疗纠纷中的刑事责任主要针对医疗事故犯罪行为，其主体是实施犯罪行为并承担刑事责任的人，由于医疗行为的特殊性，医疗纠纷刑事责任的承担主体必须是医务人员。由于医患关系日益紧张，各地频频出现“医闹”现象，给社会安定造成了恶劣影响，2015 年 4 月 22 日，最高人民法院、最高人民检察院、公安部、司法部、国家卫计委联合发布了《关于依法惩处涉医违法犯罪维护正常医疗秩序的意见》规定了六类涉医违法行为造成严重后果的将依法承担刑事责任。其中包括“在医疗机构内殴打医务人员或者故意伤害医务人员身体、故意损毁公私财物；在医疗机构私设灵堂、摆放花圈、焚烧纸钱、悬挂横幅、堵塞大门或者在医疗机构的病房、抢救室、重症监护室等场所及医疗机构的公共开放区域违规停放尸体等扰乱医疗秩序；以不准离开工作场所等方式非法限制医务人员人身自由；采取暴力或者其他方法公然侮辱、恐吓医务人员；非法携带枪支、弹药、管制器具或者爆炸性、放射性、毒害性、腐蚀性物品进入医疗机构；对于故意扩大事态，教唆他人实施针对医疗机构或者医务人员的违法犯罪行为，或者以受他人委托处理医疗纠纷为名实施敲诈勒索、寻衅滋事等行为。因此，医疗纠纷刑事责任承担的主体不仅包括医务人员，还包括患者及其家属。

二、医患双方承担刑事责任的法律依据

1997年10月1日开始实施的《中华人民共和国刑法》（以下简称新《刑法》）第三百三十五条规定了医疗事故罪：“医务人员由于严重不负责任，造成就诊人死亡或者严重损害就诊人身体健康的，处三年以下有期徒刑或者拘役。”这是我国首次在国家法律层面将医疗责任事故规定为一种独立的罪。该罪有三个特点：一是主观方面有重大过失；二是客观方面严重违反医疗卫生管理法律法规、规章和诊疗技术操作规范、常规；三是造成极其严重的后果。其侵犯了社会管理关系中的公共卫生关系，包括患者的生命健康权和医疗卫生管理秩序。新《刑法》颁布前，有研究者对各地将医疗事故进行刑事处理的案件作了统计，发现罪名竟有九种之多。不同的地方对情节、后果基本一致的医疗事故，对责任人的量刑相差悬殊。还有学者提出对医务人员施行刑事豁免。新《刑法》颁布后，统一了罪名，限定了量刑幅度，考虑了医疗服务的特殊性，处罚从轻，使这些问题一一得到了解决。

在医患关系中，患方也可能被追究刑事责任。《刑法修正案（九）》明确将患方因医疗纠纷严重扰乱医疗秩序的行为归为扰乱社会秩序罪，追究其刑事责任。对患方损害医务人员身体健康的行为，可按新《刑法》追究故意伤害罪。由于近年来医疗纠纷引发扰乱正常医疗秩序和伤害医务人员的事件时有发生，国家和地方都加强了对医疗机构的立法保护。例如，卫生部、公安部于2012年5月发布《关于维护医疗机构秩序的通告》第一条规定：“医疗机构是履行救死扶伤责任、保障人民生命健康的重要场所，禁止任何单位和个人以任何理由、手段扰乱医疗机构的正常诊疗秩序，侵害患者合法权益，危害医务人员人身安全，损坏医疗机构财产。”第七条规定：“构成犯罪的，依法追究刑事责任。”2002年10月，上海市出台《上海市医疗机构治安防范暂行规定》，旨在维护医院的正常秩序，保障医务人

员的人身安全；对构成犯罪的，依法追究刑事责任。

三、医疗纠纷刑事责任的处理程序

对医疗事故行为人追究刑事责任，应当严格依照《中华人民共和国刑事诉讼法》（以下简称《刑事诉讼法》）的规定办理。依该法，引起刑事诉讼的情况有三种：一是由公安机关移送提请起诉，人民检察院认为犯罪事实已经查清，证据确实、充分，依法应当追究刑事责任的，向有管辖权的人民法院提起公诉。这是通常情况。二是人民检察院依法自行侦查的案件，符合前述起诉条件的，直接向有管辖权的人民法院提起公诉。这类案件主要是国家公务员职务犯罪和某些侵犯公民权益的犯罪，包括诬告陷害案、玩忽职守案、重大责任事故案等 20 余种。三是由人民法院直接受理的自诉案，包括明显的轻伤害案、不需侦查的侮辱诽谤案、抗拒执行判决裁定案、重婚案、虐待案、遗弃案等。

医疗事故犯罪案件是否需要经公安机关侦查？是否属于自诉案？《刑事诉讼法》对此没有明确规定，但根据该法有关条文的精神和以往的司法实践，追究医疗事故行为人刑事责任的案件一般由人民检察院公诉，不属于自诉案件。也就是说，人民法院不能依据受害人的自诉直接受理案件。此类案件一般由人民检察院自行侦查，直接起诉，不通过公安机关侦查再移送检察院起诉。但在实践中，公安机关介入医疗事故案件的情况也曾发生。

追究医疗事故行为人刑事责任案的来源有两个渠道：一是卫生行政部门在处理医疗事故过程中，认为行为人符合《医疗事故处理办法》第二十四条规定的情况，与所在区域的基层（县、区级）人民检察院联系，移送有关案件材料，供人民检察院审查。二是医疗事故受害人及其家属、社会团体等，认为医疗事故已构成犯罪，直接向有管辖权的人民检察院举报，人民检察院认为已构成犯罪的，无论卫生行政部门和受害方是否已经处理，也不管卫生行政部门和受害方是否同意，都可以直接受理此案，自行侦查。例如，某医生因极端不负责任导致一名患儿死亡，经医疗事故技术鉴定委员会鉴定，认定其为“一级医疗责任事故”。由于情节恶劣，该医生怕患儿父母追究其刑事责任，悄悄给了患儿父母5万元。患儿父母虽然痛苦万分，但也深知其子不能复活，遂收下了这5万元，并且答应不追究其刑事责任。但是，检察机关闻听此医疗事故后，认为其情节恶劣，并且通过立案侦查，认定该医生作为医疗事故的主要责任者已构成犯罪，遂提起公诉。死者父母闻讯前来阻止，医生所在单位也竭力为其说情，但均被检察机关拒绝。通过法院审理，该医生被判处有期徒刑1年，缓刑1年。

在追究行为人刑事责任时，有两个问题应当注意：一是受追究的人应当是医疗事故的直接责任人，而不是医疗机构的法定代表人。虽然医务人员履行职责是受医疗机构的委托代表医疗机构执行公务，但是主观上严重不负责任，违反规章制度超出一般违法程度的是当事的医务人员，而不是医疗机构的法定代表人，依责任自负、不得株连无辜的原则，追究刑事责任只能针对直接责任人。医疗机构虽然是责任主体，但只承担造成损害的民事赔偿责任，理论上称其为法人替代责任。当然，如果医疗事故是由于医疗机构管理者严重不负责任造成的，就根据情节追究管理者的责任，此时如果只追究当事医务人员的责任反倒不合理、不合适了。二是人民检察院在审查案件时一般应通过医疗事故技术鉴定委员会，因为医疗事故毕竟是专业性、技术性比较强的问题。当然，对于鉴定结论，办案人员应当严格审查，尤其要审查鉴定结论是否根据原始材料作出、原始材料是否足以支持该结论等非技术性问题；必要时，可以请法医协同审查，以判明其科学性和准确性。

第六章　医疗纠纷处置的探索

在卫生法学中，人们从法律视角研究医患关系，着重研究医患关系的法律属性、医患法律关系的构成、医患纠纷解决的法律途径及医疗法律责任。其他学科，像医学社会学、医学伦理学、医学心理学，它们研究的侧重点与卫生法学不同。具体的医患关系的概念有广义和狭义之分。狭义的医患关系仅指医师与患者之间因疾病诊疗而形成的权利与义务关系。这里的患者指因疾病接受医师诊疗的自然人。患者因疾病接受医师提供的医疗服务，即形成医患法律关系。广义的医患关系涉及的医方和患方的边界要宽得多。医方不仅指医师，还包括护理人员、医疗技术人员、管理人员及这些人所在的医疗机构或医疗单位。患方不仅指患者，还包括患者的家属、监护人及与患者在医患关系中存在利害关系的自然人或法人。因此，广义的医患关系是指以医方为主的群体与以患者为中心的群体，基于医师为患者提供的诊疗服务而形成的法律关系。广义的医患关系须以狭义的医患关系为基础，而法律所规范的医患关系通常指广义的医患关系。因为患者是到医疗机构就诊，接受医疗机构提供的服务，与医疗机构建立法律关系，医疗纠纷也多发生在患者与医疗机构之间。因此，本书研究的医患关系主要指广义的医患关系。由此我们定义的医疗纠纷是指基于医疗行为，在医方（医疗机构）与患方（患者或患者近亲属）之间产生的因医疗过错、违约等导致的医疗损害赔偿及医疗合同违约等纠纷。

毋庸讳言，近些年来我国的医疗纠纷日益增多，重大医疗事故、“医闹”现象等多有发生，严重影响了社会稳定与和谐社会建设。如何预防、化解医疗纠纷，构建和谐的医患关系，成为党和国家及全社会关注的焦点。为此，国家相继出台了一些改善医患关系、处置医疗纠纷的法律法规及规范性文件。例如，在国家层面，卫生部、公安部于2001年8月联合下发了通告（卫通〔2001〕12号），2012年4月又联合下发了《关于维护医疗机构秩序的通告》；2010年1月，司法部、卫生部、中国保险监督管理委员会（以下简称“中国保监会”，已于2018年3月撤销）联合下发了《关于加强医疗纠纷人民调解工作的意见》；2007年6月，卫生部、国家中医药管理局、中国保监会联合下发了《关于推动医疗责任保险有关问题的通知》；2014年4月，最高人民法院、最高人民检察院、公安部、司法部、国家卫计委联合下发了《关于依法惩处涉医违法犯罪维护正常医疗秩序的意见》；2015年10月，国务院法制办公室（已于2018年3月撤销）发布《医疗纠纷与预防条例公开征求意见》；2016年3月，国家卫计委、中央综治办、公安部、司法部又联合下发了《关于进一步做好维护医疗秩序工作的通知》；全国人大及其常委会先后制定了《中华人民共和国人民调解法》（以下简称《人民调解法》）、《侵权责任法》，2015年8月通过的《刑法修正案（九）》将“医闹”列为刑事犯罪。在地方层面，江西省于2014年首次出台并施行了地方性医疗纠纷处置法规——《江西省医疗纠纷预防与处理条例》，开创了我国对医疗纠纷进行地方立法的先河，并且取得了显著成果。据了解，自该条例实施以来，江西全省再没有发生恶性医疗纠纷案件，2014年1—10月发生医疗纠纷2683起，同比下降31.2%；发生扰乱医疗秩序的“医闹”事件252起，同比下降78.8%；各级医调组织共调解医疗纠纷1407起，调解成功率达91.6%。全国各地积极加强医疗纠纷处置工作，大力推进人民调解机制建设，探索建立符合国情的医疗风险分担机制，切实维护正常的医疗秩序，构建和谐医患关系。例如，2014年，人民调解组织成功解决了6.6万起医疗纠纷，当年虽然全国医疗机构诊疗总量比上年增加了3亿多人次，但医疗纠纷数量下降了18%。因此，随着新形势的变化，医疗纠纷处置也必须与时俱进，积极吸收融入新的有效的内容、经验、方法，为医疗纠纷的解决、新型医患关系及平安医院建设提供全面充实的指导和服务，进一步推动和谐社会建设的深入开展。

第一节　医疗纠纷处置概述

一、医疗纠纷处置的主体

法律关系的产生是以主体的存在为前提的，即法律关系中权利的享有者和义务的承担者，具有法律性和社会性。法律关系的主体具有权利能力、行为能力和责任能力。根据我国民事法律规定，医患法律关系的参与者为医方和患方。而医疗行业是国家实行严格准入制度的行业，行业法律法规对医疗机构及其工作有明确规定。

医方是指医疗机构及其医务人员。国务院颁布的《医疗机构管理条例》第十五条规定："申请医疗机构执业登记，应当具备下列条件：（一）有设置医疗机构批准书；（二）符合医疗机构的基本标准；（三）有适合的名称、组织机构和场所；（四）有与其开展的业务相适应的经费、设施和专业卫生技术人员；（五）有相应的规章制度；（六）能够独立承担民事责任。"由此可见，医疗机构符合法人条件，它是以提供医疗服务为主要目的的事业单位法人。根据《医疗机构管理条例实施细则》，医疗机构包括综合医院、中医医院、中西医结合医院、民族医医院、专科医院、康复医院；妇幼保健院；中心卫生院、乡（镇）卫生院、街道卫生院；疗养院；综合门诊部、专科门诊部、中医门诊部、中西医结合门诊部、民族医门诊部；诊所、中医诊所、民族医诊所、卫生所、医务室、卫生保健所、卫生站；村卫生室（所）；急救中心、急救站；临床检验中心；专科疾病防治院、专科疾病防治所、专科疾病防治站；护理院、护理站；其他诊疗机构。

医务人员是指依法取得执业资格的医疗卫生专业技术人员，如医生、护士等，他们必须在医疗机构执业。

患方主要指患者或其亲属、监护人等，作为民事法律关系的主体，必须具有民事行为能力。

在一般法律意义上，医患双方处于平等主体地位。一方面，从医疗行为上看，人们一般认为在医患关系中，医方处于明显的优势地位。这主要表现在医方与患方关系中交织在一起的三个支点：医生的专业知识及其职业权威和患者对其的依赖性。医疗知识的高度专业性使患者与医生之间的知识水平高度不平衡，进而形成患者在生病时很难充分维护自己各方面利益的现实。同时，医疗对象的多样性特点使医疗服务很难绝对标准化，这种以个体特性为依托的治疗行为实际上造成了患方对医疗行为的困惑与质疑。另一方面，从权利维护的角度可见，自《最高人民法院关于民事诉讼证据的若干规定》和《医疗事故处理条例》颁布实施以来，一些患者的维权意识过强，而部分医务人员维权意识淡漠，这也成了医疗纠纷的主要诱因。当然，医生作为承担救死扶伤的主体，是具体执行国家医疗政策的社会特殊责任者，其职业道德素质对患者也会产生巨大影响。医生与患者的关系应该建立在相互信任的基础上，应该加入更多的人文关怀和社会责任等因素，而不是简单地遵循市场经济条件下的平等交换原则。

二、医疗纠纷处置的客体

医疗纠纷这一法律关系的客体是医疗行为，它是由医务人员根据患者的病情作出的诊断和治疗行为。此类行为是按现行法律规定，依患者病情作出的诊疗行为，应当符合医学法律法规、规范、规章和医学常规。任何不符合以上规范或不符合病情的行为，以及不被患者及其家属理解的行为都可能引发医疗纠纷。因此，医疗纠纷处置的客体——医疗行为，就是引发医疗纠纷的根源，只有正确理解医疗行为，才能正确认识医疗纠纷的本质，妥善处理医疗纠纷。

三、医疗纠纷处置的内容

“民事法律关系的内容，是指民事法律关系主体所享有的民事权利和负有的民事义务。”① 在医疗纠纷法律关系中，其处置内容就是医患双方的权利和义务。

从医方来讲，具体包括医疗机构和医务人员两个组成部分。医疗机构的权利主要有独立运营的权利，对疾病的紧急救治、诊断、康复、保健、预防等医疗权，收取医疗费用的权利，特殊情况下准行政权等。医务人员的权利主要有医疗诊治权、医疗设备使用权、科学研究权、继续教育权、人身安全权、获得经济待遇权、强制执行权等。医疗机构的义务主要有社会义务、内部管理义务、尽力诊疗义务、制作保存病历义务、紧急救护义务、转诊义务等。医务人员的义务主要有遵守法律法规及技术操作规范的义务、如实记载和妥善保管病历的义务、如实告知和说明的义务、抢救及转诊的义务、保护患者隐私义务等。

从患方来讲，患者的权利主要有基本医疗权、知情同意权、医疗自主权、隐私受保护权、请求赔偿权、医疗监督权等。患者的义务主要有配合医方诊疗的义务，遵守医院规章制度、尊重医务人员及其劳动的义务，给付医疗费用的义务，接受强制性治疗的义务，防止疾病扩散的义务等。

四、医疗纠纷处置的途径

《医疗事故处理条例》规定了三种医疗纠纷解决方式：双方当事人协商和解、卫生行政机关调解及医疗诉讼。《人民调解法》又把人民调解、仲裁增加为医疗纠纷解决的方式。这些纠纷解决模式均是国家立法所确定和认可的。随着社会经济的发展，医疗纠纷的解决还会有更多途径，但总体来说可被分为诉讼和非诉讼两类。

---

① 魏振瀛．民法［M］．北京：北京大学出版社，2000：33．

诉讼是解决医疗纠纷的最后手段，具有程序规范、理论丰富和效力性高等特点，但在学术界和司法实践中的争论也最多。具体而言，法院诉讼解决方式的优点：程序完全依据《中华人民共和国民事诉讼法》（以下简称《民事诉讼法》）的规定，较为严格规范；有关医疗纠纷诉讼的各种理论研究丰富，学术界的探讨和司法实践又在不断丰富医疗纠纷的诉讼解决方式；诉讼判决或调解结果被法律赋予了确定力和执行力，在一方拒绝履行时，另一方可以申请法院强制执行，所以效力最高、权威性最强，特别是对于一些社会影响大和情况复杂的案件，选择诉讼无疑是平息纠纷、维护社会稳定的最有力方式。

非诉讼是指使用诉讼外的方式解决纠纷，重在当事人双方谈判或由第三方站在中立的立场调解双方当事人的纠纷。非诉讼方式突出当事人的自主权利，双方可以就纠纷的解决方案通过协商达成一致，或者邀请第三方（非法院）参与，针对纠纷的产生过程及造成的影响公正地作出裁决，双方当事人都无条件执行。非诉讼方式是重要的医疗纠纷解决方式，也是遏制医患关系继续恶化的有效方式，更加适合在私法领域（主要是民事法律关系）中使用。

据 2013 年国家卫计委的统计，全国医疗机构接待患者数量为 73 亿人次，发生医疗纠纷 7 万起左右。改善医患关系，处理好医疗纠纷，成为当前医疗工作的重点。自《人民调解法》和《关于加强医疗纠纷人民调解工作的意见》出台以来，全国各地积极推进医疗纠纷人民调解工作，建立以人民调解为主要模式的第三方医疗纠纷化解机制，取得了显著成效。据统计，2013 年共调解医疗纠纷 6.3 万件，调解成功率达 88%，有力地维护了医患双方的合法权益，维护了社会的和谐稳定。

此外，我国还在积极完善和推进医疗责任保险制度建设。医疗责任保险是医疗风险分担机制的重要组成部分，可以有效维护医患双方的合法权益，通过与医疗纠纷调解机制的有效结合，可以防范、化解医患矛盾，维护正常的医疗秩序；利用保险费率的杠杆作用，能够引导医疗机构增强风险意识，提升风险管理水平。国家卫计委、司法部、财政部、中国保监会、国家中医药管理局于2014年联合印发了《关于加强医疗责任保险工作的意见》并召开全国电视电话会议，交流各地医疗责任保险的试点经验，提出“到2015年底前，全国三级公立医院参保率应当达到100%；二级公立医院参保率应当达到90%以上；各地要积极开展试点，探索建立适合基层医疗机构的医疗风险分担机制，推进政府办基层医疗机构积极参保，降低医疗机构和医务人员执业风险；积极鼓励、引导非公立医疗机构参保。同时，大力推动医疗意外保险等有关险种的发展，逐步完善我国医疗风险分担机制”。2013年，我国医疗责任险保费收入15.7亿元，累计为各级医疗机构提供风险保障242亿元，已赔付9.65亿元，有力地支持了医疗纠纷处理机制建设和医疗卫生事业的发展。2014年8月10日，国务院印发了《关于加快发展现代保险服务业的若干意见》，强调要积极探索开展强制责任保险试点工作，尤其是大力发展医疗责任保险，提出“到2020年，基本建成保障全面、功能完善、安全稳健、诚信规范，具有较强服务能力、创新能力和国际竞争力，与我国经济社会发展需求相适应的现代保险服务业，努力由保险大国向保险强国转变。保险成为政府、企业、居民风险管理和财富管理的基本手段，成为提高保障水平和保障质量的重要渠道，成为政府改进公共服务、加强社会管理的有效工具”。

回顾近几年的工作实践，不管是独立的第三方调解，还是市场化的保险制度，都对缓解医疗纠纷、构建和谐社会发挥了重大作用，并且越来越受到广大医患者的青睐和欢迎。

第二节　医疗纠纷处置的原则和目的

一、医疗纠纷处置的原则

（一）自愿原则

医疗纠纷处置方式分诉讼和非诉讼两类，可以根据意思自治的民法理念，由医疗纠纷的参与主体自主地选择解决纠纷的方式。当然，任何一种纠纷处理方式都有利有弊，在实际中只能由参与主体依据具体情况合理选择处置方式，最大限度地维护其合法权益。

（二）合法原则

任何一种医疗纠纷处置方法都有一定的规范要遵守，要按照一定的规范去执行，才能达到医疗纠纷处置效果的最大化。因此，选择任何一种处置方式都要依法进行。

（三）关联性原则

医疗纠纷处置方式的运用要遵循关联性原则。医疗纠纷只能是因医疗行为引起的纠纷，对于非医疗行为引起的纠纷及不属于医疗纠纷范围内的纠纷，应由参与主体选择其他法定途径处理。

（四）一次性补偿原则

依据相关法律法规的规定，在医疗纠纷发生后，不论采取何种处置方式，处置结果都坚持一次性补偿原则。在执行完补偿协议后，医患双方因医疗问题引起的所有争议即告终结，任何一方不能再对此纠纷以任何理由和方式主张权利。

二、医疗纠纷处置的目的

（一）合理合法解决纠纷

医疗纠纷是指患者在接受医疗服务过程中或终结后，因发生非医疗必要的或非疾病自然转归的不良后果，由此与医疗服务提供者之间就不良后果发生的原因、性质、因果关系等方面，以及医疗服务合同订立、履行、终结等方面的权利与义务产生分歧和争议而引发的纠纷。一般需要通过双方自行和解或第三方调解来解决纠纷，协商或调解不成功的可以通过司法程序解决纠纷。党的十八大提出，法治是治国理政的基本方式，要加快建设社会主义法治国家，全面推进依法治国。党的十八届三中、四中全会进一步提出，建设法治中国，必须坚持依法治国、依法执政、依法行政共同推进，坚持法治国家、法治政府、法治社会一体建设；全面推进依法治国，总目标是建设中国特色社会主义法治体系，建设社会主义法治国家。在全面依法治国战略指引下，医疗纠纷的解决必将被纳入法治程序，医患双方应当根据纠纷的内容、特点选择适宜的合法的解决方式，而不是在纠纷面前不知所措或失去理智。医疗纠纷处置的最直接目的就是在合理合法的范围内解决医疗纠纷。

（二）构建和谐的医患关系

医患关系是医生与患者在医疗过程中产生的特定关系，和谐的医患关系是社会主义和谐社会不可或缺的组成部分。2007年的一项来自新浪网的医患关系评价调查显示，36％的医护人员认为医患关系紧张、双方对立；39％的受访者认为医患关系一般，分歧多于合作；认为“融洽，双方合作”的比例仅为3.3％；觉得“较好，合作多于分歧”的占2.7％。[①] 而来自《中国青年报》的一项2018年医患关系调查研究报告显示，国内医生和患者对于彼此的信任度都较高、沟通意愿非常高，双方具有提升沟通的信任

---

① 日京. 七成医护人员：医患关系紧张责在媒体[EB/OL]. https://news.sina.com.cn/o/2007-11-30/144412998852s.shtml, 2007-11-30/2024-6-10.

和意愿基础；95％的医生认为与患者很好地沟通是医生应具备的一种核心专业能力，79.2％的医生对自己能够与患者进行很好沟通有信心。医生对患者总体不信任的比例为4.1％，信任度一般的比例为20.3％，有75.6％的医生对患者是信任的，其中高度信任的比例为14.1％；患者对医生总体不信任的比例为7.4％，信任度一般的比例为19.8％，有72.8％的患者对医生是信任的，其中高度信任的比例为15.6％。[①] 两项不同时期的调查数据说明，我国的医患关系已经有了明显的改善和提高。

发生医患冲突并不是简单的医学技术问题，而是包括医学、法学、社会学、经济学、管理学、心理学等众多学科在内的综合性社会问题。因此，研究和探索如何依法解决医疗纠纷、构建和谐的医患关系，对于提高全民健康素质、加快我国卫生事业的持续健康发展、推进医药卫生体制改革和维护整个社会的和谐稳定都具有十分重要的现实意义和长远意义。

（三）适应经济社会发展的需要

我国实行市场经济后，人们的商品意识和竞争意识不断增强。在经济利益的驱动下，医生群体与患者群体在利益分配机制尚不十分完善的情况下难免发生冲突。此外，我国的医疗卫生资源还相对匮乏，地域分配还不是十分合理，医疗保障体系还需要不断健全和发展，患者及医务人员的素质、医疗技术和医疗服务的质量还需要不断提高。面对现实情况，我们还需从卫生体制、社会保障等宏观层面解决医学与社会的关系问题，从医学人才、医疗技术、医患素养、医患沟通等微观层面探讨和解决医患纠纷，以此构建和谐的医患关系乃至和谐社会。

---

① 王烨捷. 调查显示：医生与患者基本处于“互相信任”状态[EB/OL]. https://baijiahao.baidu.com/s?id=1597978785486642322&wfr=spider&for=pc, 2018-04-14/2018-04-17.

第七章　医疗纠纷鉴定的探索

医疗纠纷的鉴定是指对某一医疗纠纷作出技术审定，通过调查研究，以医学为指导，判明引发医疗纠纷的事件性质是属于医疗事故还是其他。如果是医疗事故引起的，则需进一步分析事故产生的原因，指出原因与后果的关系，明确主要责任者和其他责任者；如果是其他事件引起的，则要明确纠纷是否与医疗行为有关。如果有关，可建议当事人申请司法鉴定；如果无关，建议依一般民事纠纷处理。医疗纠纷的鉴定在查清事故原因、明确事故责任、划分事故等级、保障医患双方合法权益、维持正常医疗秩序、改进医疗工作、促进医学有序发展等方面有着重要意义，同时对于纠纷的后期处理也起着至关重要的作用。本章主要就医疗事故引发的医疗纠纷和司法鉴定分别加以陈述。

第一节　医疗纠纷的鉴定条件

我国在2002年出台《医疗事故处理条例》，同时废止1987年出台的《医疗事故处理办法》，其中对医疗事故的认定规定了下列条件：

一、行为主体必须是医疗机构及其医务人员

医疗事故的行为人必须是经过考核和卫生行政部门批准或承认、取得相应资格的各级各类卫生技术人员，即这些行为主体必须符合我国的《医

疗机构管理条例》和《医师法》等相关规定。因医疗护理工作是群体性的活动，构成医疗事故的行为人还应包括从事医疗管理、后勤服务等人员。

二、行为的违法性

违法性指的是医疗机构及其医务人员在医疗活动中违反了医疗卫生管理法律法规、部门规章和诊疗护理规范、常规。

三、过失造成患者人身伤害

我国《刑法》中规定的危害性是指行为对《刑法》所保护的社会关系的侵犯性，包括对公民的人身权利、民主权利及其他合法权利的侵犯。社会危害性是一个行为是否构成犯罪的先决条件。医疗纠纷中的危害指的是由于行为人的过失对患者的人身健康造成了损害。这些危害的结果必须符合《医疗事故处理条例》中所规定的四级损害标准及其细则。

四、过失行为与损害后果之间存在因果关系

在医疗行为中，过失被分为两种：一是疏忽大意的过失，指在医疗事故中，根据行为人相应职称和岗位责任要求，行为人应当预见和可以预见自己的行为可能造成对病员的危害结果，因行为人疏忽大意而未能预见，或者对于危害病员生命健康的不当做法应当做到有效防范，因为疏忽大意未能做到，致使危害发生，并且对病员人身健康造成损害，如擅离职守；对病史采集、病情检查不仔细；不执行或不正确执行规章制度和履行职责或职业守则，推诿、拒治危重病人；强行进行自己能力以外的技术操作；擅自做无指征或有禁忌证的手术或检查等，并且因这些行为对病员的人身造成了危害结果。二是过于自信的过失，指行为人虽然预见了自己的行为可能导致病员出现危害结果，但是轻信借助自己的技术、经验或有利的客观条件能够使其避免，因而导致了判断上或行为上的过失，致使对病员的危害结果发生。

第二节　医疗事故及纠纷的鉴定程序

一、医疗事故鉴定程序

（一）鉴定的提起

《医疗事故处理条例》第二十条规定："卫生行政部门接到医疗机构关于重大医疗过失行为的报告或者医疗事故争议当事人要求处理医疗事故争议的申请后，对需要进行医疗事故技术鉴定的，应当交由负责医疗事故技术鉴定工作的医学会组织鉴定；医患双方协商解决医疗事故争议，需要进行医疗事故技术鉴定的，由双方当事人共同委托负责医疗事故技术鉴定工作的医学会组织鉴定。"医疗事故鉴定可由下列三方启动：

1. 卫生行政部门移交鉴定

我国的卫生行政部门一直以来都是医疗纠纷处理的主导部门，在《医疗事故处理条例》出台以前的《医疗事故处理办法》规定，医疗事故鉴定委员会人员由医务人员和卫生行政部门人员共同组成，同时鉴定委员会人选由卫生行政部门提名。《医疗事故处理条例》规定：县级以上地方人民政府卫生行政部门接到医疗机构关于重大医疗过失行为的报告或医疗事故争议当事人要求处理医疗事故争议的申请后，对需要进行医疗事故技术鉴定的，应当书面移交负责首次医疗事故技术鉴定工作的医学会组织进行鉴定。必要时，对疑难、复杂并在全国有重大影响的医疗事故争议，省级卫生行政部门可以商请中华医学会组织医疗事故技术鉴定。

2. 医患双方共同委托鉴定

医患双方协商，双方当事人共同委托医学会组织进行医疗事故技术鉴定。《医疗事故技术鉴定暂行办法》第九条规定："双方当事人协商解决医疗事故争议，需进行医疗事故技术鉴定的，应共同书面委托医疗机构所在地负责首次医疗事故技术鉴定工作的医学会进行医疗事故技术鉴定。”第十一条规定：“协商解决医疗事故争议涉及多个医疗机构的，应当由涉及的所有医疗机构与患者共同委托其中任何一所医疗机构所在地负责组织首次医疗事故技术鉴定工作的医学会进行医疗事故技术鉴定。医疗事故争议涉及多个医疗机构，当事人申请卫生行政部门处理的，只可以向其中一所医疗机构所在地卫生行政部门提出处理申请。”在《医疗事故处理条例》出台前，卫生部曾在《关于医疗事故技术鉴定有关问题的批复》中规定，发生医疗纠纷的医患双方中的任何一方向医疗事故技术鉴定委员会提请医疗事故技术鉴定的，只要符合鉴定的受理条件，即应当受理。

3. 人民法院自行组织鉴定

人民法院在处理医疗纠纷案件民事审判中，根据医患双方当事人的申请或审理案情的需要，依据职权决定进行医疗事故技术鉴定的，委托医学会组织进行医疗事故技术鉴定。因医疗事故以外的其他医疗赔偿纠纷需要进行司法鉴定的，依照《最高人民法院人民法院对外委托司法鉴定管理规定》组织鉴定。

（二）鉴定的受理与收费

我国在1987年出台实施的《医疗事故处理办法》第十二条规定：“省（自治区）分别成立省（自治区）、地区（自治州、市）、县（市、市辖区）三级医疗事故技术鉴定委员会。直辖市分别成立市、区（县）二级医疗事故技术鉴定委员会。医疗事故技术鉴定委员会（以下简称鉴定委员会）由有临床经验、有权威、作风正派的主治医师、主管护师以上医务人员和卫生行政管理干部若干人组成。省、自治区、直辖市级鉴定委员会可以吸收法医参加。鉴定委员会人选，由卫生行政部门提名，报请同级人民政府批准。”

2002年9月1日起实施的《医疗事故处理条例》第二十条规定：“卫生行政部门接到医疗机构关于重大医疗过失行为的报告或者医疗事故争议当事人要求处理医疗事故争议的申请后，对需要进行医疗事故技术鉴定的，应当交由负责医疗事故技术鉴定工作的医学会组织鉴定；医患双方协商解决医疗事故争议，需要进行医疗事故技术鉴定的，由双方当事人共同委托负责医疗事故技术鉴定工作的医学会组织鉴定。”第二十一条规定：“设区的市级地方医学会和省、自治区、直辖市直接管辖的县（市）地方医学会负责组织首次医疗事故技术鉴定工作。省、自治区、直辖市地方医学会负责组织再次鉴定工作。必要时，中华医学会可以组织疑难、复杂并在全国有重大影响的医疗事故争议的技术鉴定工作。”与《医疗事故处理条例》同时出台生效的《医疗事故技术鉴定暂行办法》也对医疗事故技术鉴定机构作了相关规定。这就对医疗纠纷鉴定机构进行了国家法律层面的规定与规范，鉴定组织的独立在一定程度上增强了医疗事故技术鉴定结论的可信度和公正性，同时增强了整个医疗纠纷处理程序的规范性。

《医疗事故处理条例》第二十八条规定：“负责组织医疗事故技术鉴定工作的医学会应当自受理医疗事故技术鉴定之日起 5 日内通知医疗事故争议双方当事人提交进行医疗事故技术鉴定所需的材料。当事人应当自收到医学会的通知之日起 10 日内提交有关医疗事故技术鉴定的材料、书面陈述及答辩。医疗机构提交的有关医疗事故技术鉴定的材料应当包括下列内容：（一）住院患者的病程记录、死亡病例讨论记录、疑难病例讨论记录、会诊意见、上级医师查房记录等病历资料原件；（二）住院患者的住院志、体温单、医嘱单、化验单（检验报告）、医学影像检查资料、特殊检查同意书、手术同意书、手术及麻醉记录单、病理资料、护理记录等病历资料原件；（三）抢救急危患者，在规定时间内补记的病历资料原件；（四）封存保留的输液、注射用物品和血液、药物等实物，或者依法具有检验资格的检验机构对这些物品、实物作出的检验报告；（五）与医疗事故技术鉴定有关的其他材料。在医疗机构建有病历档案的门诊、急诊患者，其病历资料由医疗机构提供；没有在医疗机构建立病历档案的，由患者提供。医患双方应当依照本条例的规定提交相关材料。医疗机构无正当理由未依照本条例的规定如实提供相关材料，导致医疗事故技术鉴定不能进行的，应当承担责任。”

医学会在接到医疗事故技术鉴定申请后，应当对申请材料进行审核。对于不符合受理条件的，医学会应当不予受理，同时说明理由。《医疗事故技术鉴定暂行办法》第十三条规定：“有下列情形之一的，医学会不予受理医疗事故技术鉴定：（一）当事人一方直接向医学会提出鉴定申请的；（二）医疗事故争议涉及多个医疗机构，其中一所医疗机构所在地的医学会已经受理的；（三）医疗事故争议已经人民法院调解达成协议或判决的；（四）当事人已向人民法院提起民事诉讼的（司法机关委托的除外）；（五）非法行医造成患者身体健康损害的；（六）卫生部规定的其他情形。”

《医疗事故技术鉴定暂行办法》第十六条规定：在鉴定过程中，“有下列情形之一的，医学会终止组织医疗事故技术鉴定：（一）当事人未按规定提交有关医疗事故技术鉴定材料的；（二）提供的材料不真实的；（三）拒绝缴纳鉴定费的；（四）卫生部规定的其他情形”。

中华医学会组建于新中国成立前，至2015年已有百年历史，在其发展沿革中，其职责范围及研究领域也在不断扩大。受政府有关部门委托开展医疗事故技术鉴定和预防接种异常反应鉴定工作，制定和更新临床诊疗指南和临床技术操作规范，以及承担政府部门委托的有关任务是其业务范围。医学会作为一个由中国医学科学技术工作者自愿组成并依法登记成立的学术性、公益性、非营利性的法人团体，是党和国家联系医学科技工作者的桥梁和纽带，是发展中国医学科学技术事业的重要社会力量，同时它的独立性、中立性、权威性、法定性也使其成为高科学性、高规范性、高可信度的医疗事故技术鉴定机构。

我国法律法规规定委托医学会进行医疗事故技术鉴定，鉴定组织可以收取鉴定费用，委托人应按规定缴纳鉴定费。双方当事人共同委托医学会组织进行鉴定的，双方当事人应协商并预先缴纳鉴定费。经卫生行政部门移交委托医学会组织进行医疗事故技术鉴定的，由提出医疗事故争议处理的当事人预先缴纳鉴定费用。经鉴定属于医疗事故的，鉴定费用由医疗机构支付；不属于医疗事故的，鉴定费用由提出医疗事故处理申请的一方支付；对于事故损害双方都有责任的，按参与度的比例分担鉴定费用。鉴定费用标准由省、自治区、直辖市人民政府价格主管部门会同同级财政部门、卫生行政部门制定。县级以上的卫生行政部门接到医疗机构关于重大医疗过失行为报告后，对需要移交医学会进行医疗事故技术鉴定的，鉴定费用由医疗机构支付。对医疗事故技术鉴定费用的规定在平衡了医患双方利益的同时也明确了双方的责任和权限，对双方的合法权益进行了有效保障，对于缓和医患双方的矛盾与利益冲突具有重要作用。

我国在《医疗事故处理办法》中规定经鉴定属于医疗事故的鉴定费用由医疗机构支付，不属于医疗事故的鉴定费用由申请鉴定的一方支付。《医疗事故处理条例》在此基础上进行了细化及具体化。

国家发展改革委、财政部在2007年曾出台文件专门规定，中华医学会进行医疗事故技术鉴定的，收费标准为每例8500元。其中，经鉴定属于医疗事故的医疗事故鉴定费由医疗机构支付，不属于医疗事故的医疗事故鉴定费由医疗事故处理申请方支付。而各地医学会鉴定费用平均为2000元左右，部分省份在国家发展改革委、财政部相关文件的基础上，根据本省市实际情况对本省市不同级别及初次鉴定和再次鉴定的医疗事故技术鉴定费用做了具体的细化规定。

在医疗事故技术鉴定过程中，若应预先缴纳鉴定费用的一方拒绝缴纳鉴定费用导致鉴定工作无法正常进行的，医学会将终止组织医疗事故技术鉴定。从民事诉讼的角度来讲，对需要鉴定的事项负有举证责任的当事人，在人民法院指定的期限内无正当理由不提出鉴定申请或不预交鉴定费用或拒不提供相关材料，致使对案件争议的事实无法通过鉴定结论予以认定的，应当对该事实承担举证不能的后果。需缴纳鉴定费用的一方不预交鉴定费用导致鉴定工作无法正常进行的，应当对其行为所造成的后果承担责任。

在《医疗事故处理条例》《医疗事故技术鉴定暂行办法》出台以前，医疗事故的鉴定是由医疗机构所在地的卫生行政部门主管的，医疗事故技术鉴定委员会的成员组成除了专业的医疗人员以外，还包括相当一部分卫生行政部门的人员，卫生行政部门与医疗机构之间直接的利害关系使医疗事故的技术鉴定有可能丧失其公正性，执行与监督没有分离往往使医疗事故鉴定工作产生偏袒、责任划分不明、定性不准、处理不当等一系列问题。针对这些问题，《医疗事故处理条例》排除了卫生行政部门及其工作人员参与医疗事故鉴定，规定中华医学会是唯一合法的医疗事故技术鉴定组织，医学会身份上的中立性和地位上的独立性、合法性使其更能公平、公正地对医疗事故进行技术鉴定。中华医学会不偏袒、不徇私，而且具有很强的公信力，可以更好地保障医患双方的合法权益，同时为医疗事故处理提供了更加权威可信的科学依据。

（三）专家鉴定组的组成

负责组织医疗事故技术鉴定工作的医学会都建有专家库。专家库依据学科专业组名录设置学科专业组。医学会根据本地区医疗工作和医疗事故技术鉴定实际，对本专家库学科专业组设立进行适当增减和调整。具备下列条件的医疗卫生专业技术人员可进入专家库：

其一，拥有良好的业务素质和职业品德。

其二，受聘于医疗卫生机构或医学教研、科研机构并担任相应高级技术职务 3 年以上。

其三，具有良好的业务素质和职业道德并具备高级技术任职资格的法医。

负责组织医疗事故技术鉴定工作，依照《医疗事故处理条例》的规定进入专家库的医疗卫生专业技术人员和法医，可以不受行政区域的限制。医疗卫生机构或医学教学及科研机构、同级的医药卫生专业学会应当按照医学会要求，推荐专家库候选人，符合条件的个人经所在单位同意后也可以直接向组建专家库的医学会申请，医学会对专家库成员候选人进行审核。审核合格的，医学会予以聘任并发给中华医学会统一格式的聘书。符合条件的医疗卫生专业技术人员和法医也有义务进入专家库。

专家库成员聘用期为4年。如果专家在聘用期间出现以下情形，可以由专家库成员所在单位及时报告医学会，医学会组织应当根据实际情况及时进行调整：因健康原因不能胜任医疗事故技术鉴定的；变更受聘单位或解聘的；不具备完全民事行为能力的；受刑事处罚的；省级以上卫生行政部门规定的其他形式的。同时，专家聘用期满、需要继续聘用的，由医学会重新审核、聘用。

《医疗事故处理条例》规定医疗事故技术鉴定由负责组织医疗事故技术鉴定工作的医学会组织专家鉴定组进行。参加医疗事故技术鉴定的相关专业的专家，由医患双方在医学会主持下从专家库中随机抽取。在特殊情况下，医学会根据医疗事故技术鉴定工作的需要，可以阻止医患双方在其他医学会建立的专家库中随机抽取相关专业的专家参加鉴定或函件咨询。

专家鉴定组进行医疗事故技术鉴定实行合议制。医学会应当根据医疗事故争议所涉及的学科专业，确定专家鉴定组的人数和构成。专家鉴定组组成人数应为3人以上的单数，医疗事故争议涉及多学科专业的，其中主要学科专业的专家不得少于专家鉴定组成员的二分之一；涉及死因、伤残等级鉴定的，应当从专家库中随机抽取法医参加专家鉴定组。

医学会应当提前通知双方当事人，在指定时间、指定地点，从专家库的相关学科专业组中随机抽取专家鉴定组成员。同时，医学会主持双方当事人抽取专家鉴定组成员前，应当将专家库相关学科专业组中的专家姓名、专业、技术职务、工作单位告知双方当事人。卫生健康委员会相关规定指出，医疗机构无故不参加随机抽取专家库专家的，由负责组织医疗事故技术鉴定工作的医学会向患者说明情况，经患者同意后，由患者和医学会按照相关规定随机抽取鉴定专家进行鉴定。

《医疗事故处理条例》与《医疗事故处理办法》相比，鉴定机构由过去的卫生行政部门提名的医疗事故鉴定委员会变为专家鉴定组鉴定；由卫生行政部门主导变为由医学会组织。

组建专家组时，有下列情形之一的专家鉴定组成员应当回避；当事人也可以以口头或书面的方式申请回避；若当事人要求专家库成员回避的，应当说明理由。经确认符合下列情形之一的，医学会应当将回避的专家从名单中撤出，并且经当事人签字确认后记录在案：

其一，是医疗事故争议当事人或当事人的近亲属的。

其二，与医疗事故争议有利害关系的。

其三，与医疗事故争议当事人有其他关系，可能影响公正鉴定的。

医学会对当事人准备抽取的专家进行随机编号，并且主持双方当事人随机抽取相同数量的专家编号，最后一个专家由医学会随机抽取。双方当事人还应当按照抽取专家鉴定组成员的方法各自随机抽取一个专家作为候补。涉及死因、伤残等级鉴定的，应当按照规定由双方当事人各自随机抽取一名法医参加鉴定组。

随机抽取结束后，医学会当场向双方当事人公布所抽取的专家鉴定组成员和候补成员的编号并记录在案。

现有专家库成员不能满足鉴定工作需要时，医学会应当向双方当事人说明，并且经双方当事人同意，可以从本省、自治区、直辖市其他医学会专家库中抽取相关学科专业组的专家参加专家鉴定组；本省、自治区、直辖市医学会专家库成员不能满足鉴定工作需要时，可以从其他省、自治区、直辖市医学会专家库中抽取相关学科专业组的专家参加专家鉴定组。从其他医学会建立的专家库中抽取的专家若无法到场参加医疗事故技术鉴定，可以以函件的方式提出鉴定意见。

专家鉴定组成员确定后，在双方当事人共同在场的情况下，由医学会对封存的病历资料启封。专家鉴定组应当认真审查双方当事人提交的材料，妥善保管鉴定材料，保护患者的隐私，保守有关秘密。

（四）医学会调查取证

医学会应当自接到双方当事人提交的有关医疗事故技术鉴定的材料、书面陈述后，于答辩之日起45日内组织鉴定并出具医疗事故技术鉴定书。

医学会可以向双方当事人和其他相关组织、个人进行调查取证，进行调查取证时不得少于2人。调查取证结束后，调查人员和调查对象应当在有关文书上签字。如调查对象拒绝签字的，应当记录在案。医学会调查取证的证据包括医患双方提供的各类病历档案及与医疗事故鉴定相关的各类材料。负责医疗事故技术鉴定的医学会组织可以向医患双方当事人调查取证。

医学会应当于医疗事故技术鉴定7日前，将鉴定的时间、地点、要求等书面通知双方当事人。双方当事人应当按照通知的时间、地点、要求参加鉴定。参加医疗事故技术鉴定的双方当事人每一方人数不超过3人。任何一方当事人无故缺席、自行退席或拒绝参加鉴定的，不影响鉴定的进行。

医学会应当在医疗事故技术鉴定7日前书面通知专家鉴定组成员。专家鉴定组成员接到医学会通知后认为自己应当回避的，应当于接到通知后及时提出书面回避申请并说明理由；因其他原因无法参加医疗事故技术鉴定的，应当于接到通知后及时书面告知医学会。

专家鉴定组成员因回避或因其他原因无法参加医疗事故技术鉴定时，医学会应当通知相关学科专业组候补成员参加医疗事故技术鉴定。专家鉴定组成员因不可抗力因素未能及时告知医学会不能参加鉴定或虽告知但医学会无法按规定组成专家鉴定组的，医疗事故技术鉴定可以延期进行。

在医疗纠纷鉴定中，医疗机构与患者均负有举证责任。在我国民事诉讼中，当事人对自己提出的诉讼请求所依据的事实或反驳对方诉讼请求所依据的事实有责任提供证据加以证明。没有证据或证据不足以证明当事人的事实主张的，由负有举证责任的当事人承担不利后果，即患者在医疗纠纷鉴定中举证须符合“谁主张，谁举证”的举证责任分配原则。但由于患者在医疗关系中处于弱势地位，往往没有办法提供专业性医疗相关证据。根据《民法典》第一千二百一十八条的规定，患者在诊疗活动中受到损害，医疗机构或其医务人员有过错的，由医疗机构承担赔偿责任。该条款明确了医疗纠纷案件采用过错责任原则，由患者对医疗机构的诊疗行为是否存在过错及因果关系承担举证责任。《民法典》第一千二百二十二条还规定了过错推定原则，即患者在诊疗活动中受到损害，有下列情形之一的，推定医疗机构有过错：“（一）违反法律、行政法规、规章以及其他有关诊疗规范的规定；（二）隐匿或者拒绝提供与纠纷有关的病历资料；（三）遗失、伪造、篡改或者违法销毁病历资料。”当患者无法证明医疗机构或医务人员存在过错、诊疗行为与损害结果之间存在因果关系，可向人民法院提出医疗损害鉴定申请，医疗损害鉴定结果可作为医疗机构的医疗行为是否存在过错、过错与医疗损害之间是否存在因果关系的判定依据。

（五）专家鉴定组进行技术鉴定

专家鉴定组依照医疗卫生管理法律法规和诊疗护理规范、常规，运用医学科学原理和专业知识，独立进行医疗事故技术鉴定，对医疗事故进行鉴别和判定，为处理医疗事故争议提供科学依据。任何单位或个人不得干扰医疗事故技术鉴定工作，不得威胁、利诱、辱骂、殴打专家鉴定组成员。专家鉴定组成员不得接受双方当事人的财物或其他利益。

鉴定由专家鉴定组组长主持，专家鉴定组组长可由专家鉴定组成员推选产生，也可由医疗事故争议所涉及的主要学科专家中具有最高专业技术职务资格的专家担任。专家鉴定组组长主持医疗事故技术鉴定工作应按照以下程序进行：

第一，双方当事人在规定的时间内分别陈述意见和理由。陈述顺序是先患方，后医疗机构。

第二，专家鉴定组成员根据需要可以提问，当事人应当如实回答。必要时，可以对患者进行现场医学检查。

第三，双方当事人退场。

第四，专家鉴定组对双方当事人提供的书面材料、陈述及答辩等进行讨论。

第五，经合议，根据半数以上专家鉴定组成员的一致意见形成鉴定结论。专家鉴定组成员在鉴定结论上签名。专家鉴定组成员对鉴定结论的不同意见应当予以注明。

（六）形成医疗事故技术鉴定书

专家鉴定组在对医疗事故进行技术鉴定后，需形成医疗事故技术鉴定书。医疗事故技术鉴定书应当根据鉴定结论作出，其文稿由专家鉴定组组长签发。医疗事故技术鉴定书盖医学会医疗事故技术鉴定专用印章。医学会应当及时将医疗事故技术鉴定书送达移交鉴定的卫生行政部门，经卫生行政部门审核，对符合规定的作出医疗事故技术鉴定结论；由双方当事人共同委托的，直接送双方当事人。

医疗事故技术鉴定书应当包括下列主要内容：

其一，双方当事人的基本情况及要求。

其二，当事人提交的材料和医学会的调查材料。

其三，对鉴定过程的说明。

其四，医疗行为是否违反医疗卫生管理法律法规、部门规章和医疗护理规范、常规。

其五，医疗过失行为与人身损害后果之间是否存在因果关系。

其六，医疗过失行为在医疗事故损害后果中的责任度。

其七，医疗事故等级。

其八，对医疗事故患者的医疗护理医学建议。

经鉴定为医疗事故的，鉴定结论应当包括第4—8项内容；经鉴定不属于医疗事故的，应当在鉴定结论中说明理由。

1987年的《医疗事故处理办法》出台后，国家曾对医疗事故技术鉴定书作出规定，要求鉴定委员会的结论要以书面形式发出，内容包括委托鉴定书（单位名称、负责人或个人姓名，与本案病员的关系）、申请鉴定书（单位负责人或个人姓名、详细地址，与本案病员的关系）、病员一般情况（姓名、性别、年龄、职业、工作单位或家庭住址、住院号、门诊号等）、病历摘要及申请鉴定理由、鉴定委员会分析意见、鉴定结论（含事件性质和等级）、鉴定委员会盖章及签发年月日。

《医疗事故处理条例》要求鉴定书中要包括对医疗事故技术鉴定过程的

说明，以及对医疗过失行为与人身损害后果之间是否存在因果关系，医疗过失行为在医疗事故损害后果中的责任程度，还有对医疗事故患者的医疗护理医学建议。对过程的说明保证了在医疗事故技术鉴定过程中程序的合理合法性和鉴定的透明度，也为后期的医疗事故结论审核提供了依据。明确医疗过失行为与人身损害之间的因果关系及责任度，对于明确事故等级、划分医疗事故责任具有重要作用。同时，对医疗事故患者提出医疗护理医学建议，对于医学科学技术的进步及发展、避免类似事件再次发生具有重要意义。

从民事诉讼的角度来说，一份可作为证据的鉴定书应当包括以下内容：

其一，委托人姓名或名称、委托鉴定的内容。

其二，委托鉴定的材料。

其三，鉴定的依据及使用的科学技术手段。

其四，对鉴定过程的说明。

其五，明确的鉴定结论。

其六，对鉴定人鉴定资格的说明。

其七，鉴定人员及鉴定机构的签名、盖章。

（七）鉴定结论的审核

医学会参加医疗事故技术鉴定会的工作人员，应如实记录鉴定会过程和专家的意见。医疗事故技术鉴定结论的审核时间应在自收到医学会出具医疗事故技术鉴定书之后，拟作出行政处理或行政调解之前。

医疗事故技术鉴定结论审核的内容应包括以下三点：

其一，参加鉴定的人员是否具备《医疗事故处理条例》及《医疗事故技术鉴定暂行办法》规定的资格，即鉴定组人员是不是符合相关条件的医疗卫生专业技术人员（法医）。

其二，参加鉴定人员的专业类别及人数比例是否与被鉴定的医疗事实相吻合，即鉴定人员的人数是不是单数，涉及的主要学科专家的人数是否不少于鉴定组人数的二分之一，案件需要法医进入参与鉴定的是否有法医参与。

其三，鉴定的程序是否符合法律规定，即鉴定是不是合议制，鉴定的程序是否符合条例的相关规定。

从行政诉讼证据的角度来说，人民法院对委托或指定的鉴定部门出具的鉴定书应当审查是否具有下列内容：

其一，鉴定的内容。

其二，鉴定时提交的相关材料。

其三，鉴定的依据和使用的科学技术手段。

其四，鉴定的过程。

其五，明确的鉴定结论。

其六，鉴定部门和鉴定人鉴定资格的说明。

其七，鉴定人及鉴定部门的签名、盖章。

上述内容欠缺或鉴定结论不明确的，人民法院可以要求鉴定部门予以说明、补充鉴定或重新鉴定。

（八）再次鉴定

医学会组织的医疗事故技术鉴定施行的是三级鉴定制度，即首次鉴定、再次鉴定，以及对有疑难、复杂并在全国有重大影响的医疗事故争议，省级卫生行政部门可以商请中华医学会组织医疗事故技术鉴定。三级鉴定制度充分保障了医疗事故鉴定的制度化和规范化，对于鉴定的公平性、公正性及鉴定结论的科学性发挥了严格约束作用。

医学会对经卫生行政部门审核认为参加鉴定的人员资格和专业类别或鉴定程序不符合规定需要重新鉴定的，应当重新组织鉴定。重新鉴定时不得收取鉴定费用。参加鉴定的人员资格和专业类别不符合规定的，应当重新抽取专家组成专家鉴定组进行重新鉴定。

初次鉴定结束以后，任何一方当事人若对首次医疗事故技术鉴定结论不服的，可通过以下方式申请再次鉴定：

其一，向卫生行政部门提出再次鉴定的申请，期限是自收到首次医疗事故鉴定书之日起15日内。

其二，双方共同委托省、自治区、直辖市医学会组织再次鉴定，期限是自收到医疗事故技术鉴定书之日起15日内。

其三，向人民法院提起民事诉讼，待医疗事故争议进入诉讼程序后，再向人民法院申请重新鉴定。

医疗机构对判定或鉴定结论不服，提出医疗事故技术鉴定或再次鉴定申请的，如果存在以下情形之一，卫生行政部门不予受理：

其一，违反《医疗事故处理条例》的有关规定，不能如实提供相关材料，不配合相关调查，导致医疗事故技术鉴定不能进行的。

其二，医疗机构无故不参加随机抽取专家库的。

省级医学会接到移交或委托单位的再次鉴定申请后，应按照以下程序组织再次鉴定工作：

其一，向医患双方发放提交材料的告知书。

其二，医患双方提交全部鉴定材料后，由医学会确定专家鉴定组的专业组成及专家人数。

其三，组织医患双方当事人随机抽取专家。

其四，向鉴定专家送达鉴定材料。

其五，组织召开鉴定会。

其六，专家合议形成鉴定结论，出具医疗事故技术鉴定书，由医学会将医疗事故技术鉴定书送达移交方或委托方。

据中华医学会的相关统计数据显示，我国医学会组织年均鉴定医疗事故1万例左右，其中经首次鉴定后有大约四分之一的案例申请了再次鉴定，四分之三的案例未申请再次鉴定即结案，经再次鉴定后仅有1%的案例申请了中华医学会组织的鉴定。

（九）鉴定终止

因当事人拒绝配合，无法进行医疗事故技术鉴定的，应当终止本次鉴定，由医学会告知移交鉴定的卫生行政部门或共同委托鉴定的双方当事人，

说明不能鉴定的原因。

在受理医患双方共同委托医疗事故技术鉴定后至专家鉴定组作出鉴定结论前，双方当事人或一方当事人提出停止鉴定的，医疗事故技术鉴定终止。

二、医疗纠纷司法鉴定程序

司法鉴定是指在诉讼活动中鉴定人运用科学技术或专门知识对诉讼涉及的专门性问题进行鉴别和判断并提供鉴定意见的活动。司法鉴定程序是指司法鉴定机构和司法鉴定人进行司法鉴定活动应当遵循的方式、方法、步骤及相关的规则和标准。医疗纠纷的司法鉴定旨在明确医疗机构是否有过失，其行为与患者的损害之间是否存在因果关系，以便为医疗纠纷的处理提供相关证据。

（一）医疗纠纷司法鉴定的条件

在处理医疗纠纷的过程中，当事双方可直接向司法机关提请司法鉴定，司法机关在审核是否受理司法鉴定的申请后，统一对外委托和组织司法鉴定。

发生医疗纠纷后，医患双方可通过协商解决医疗纠纷，若协商无法解决，可提请司法部门进行司法鉴定。

在医疗事故技术鉴定中，若双方当事人对初次鉴定结论不服，医患双方均可在自收到医疗事故技术鉴定书 15 日内提请再次鉴定或向人民法院提起诉讼。

卫生行政部门对医疗事故进行调解处理后，若双方当事人对卫生部门作出的调解结果不服，可依法向人民法院提起行政诉讼。

司法机关在审理有关医疗纠纷案件的过程中，认为有必要对纠纷中的一些专门性问题进行鉴定取证以便案件审理的，可委托相关鉴定机构进行司法鉴定。

（二）司法鉴定机构

我国当前主要是由人民法院司法鉴定机构负责统一对外委托和组织司法鉴定。未设司法鉴定机构的人民法院，可在司法行政管理部门配备专职司法鉴定人员，并且由司法行政管理部门代行对外委托司法鉴定职责。人民法院司法鉴定机构建立社会鉴定机构和鉴定人名册，根据鉴定对象对专业技术的要求，随机选择和委托鉴定人进行司法鉴定。国务院司法行政部门主管全国鉴定人和鉴定机构的登记管理工作。申请从事司法鉴定业务的个人、法人或其他组织，由省级人民政府司法行政部门审核，对符合条件的予以登记，编入鉴定人和鉴定机构名册并公告。省级人民政府司法行政部门应当根据鉴定人或鉴定机构的增加和撤销登记情况，定期更新所编制的鉴定人和鉴定机构名册并公告。

当前我国的司法行政部门对司法机构的管理有两种情况：一是法人或其他组织以现有机构的名义申请从事司法鉴定业务。这种行为的许可是一种普遍模式，实际是一种增加业务范围的申请，即资格（或行为）许可。二是法人或其他组织申请新设具有独立法人资格的机构，并且以新设机构的名义专门从事司法鉴定业务。这种行为的许可设定是一种特殊形式，即机构设立许可。

《民事诉讼法》第七十九条规定：“当事人可以就查明事实的专门性问题向人民法院申请鉴定。当事人申请鉴定的，由双方当事人协商确定具备资格的鉴定人；协商不成的，由人民法院指定。当事人未申请鉴定，人民法院对专门性问题认为需要鉴定的，应当委托具备资格的鉴定人进行鉴定。”

2002 年，我国进行司法鉴定改革，制定了《最高人民法院人民法院对外委托司法鉴定管理规定》，除保留公安内部鉴定机构外，其余鉴定机构（包括法院、检察院系统）均与原单位脱钩。至 2005 年，我国又规定人民法院和司法行政部门不得设立鉴定机构。人民法院委托的司法鉴定机构可以是中华医学会及各级医学会组织，在医疗纠纷进入诉讼阶段，人民法院可以委托医学会组织进行司法鉴定，或者委托法医司法鉴定机构进行司法鉴定。

2005 年，《全国人民代表大会常务委员会关于司法鉴定管理问题的决定》中规定，法人或其他组织申请司法鉴定业务的应当具备以下条件：

其一，有明确的业务范围。

其二，有在业务范围内进行司法鉴定所必需的仪器、设备。

其三，有在业务范围内进行司法鉴定所必需的依法通过计量认证或实验室认可的检测实验室。

其四，每项司法鉴定业务有 3 名以上鉴定人。

根据相关规定，我国自愿接受人民法院委托从事司法鉴定，申请进入人民法院司法鉴定人名册的社会鉴定、检测、评估机构，应当向人民法院司法鉴定机构提交申请书和以下材料：

其一，企业或社团法人营业执照副本。

其二，专业资质证书。

其三，专业技术人员名单、执业资格和主要业绩。

其四，年检文书。

其五，其他必要的文件、资料。

而以个人名义自愿接受人民法院委托从事司法鉴定，申请进入人民法院司法鉴定人名册的专业技术人员，应当向人民法院司法鉴定机构提交申请书和以下材料：

其一，单位介绍信。

其二，专业资格证书。

其三，主要业绩证明。

其四，其他必要的文件、资料等。

我国相关法律对从事司法鉴定的人员也作出以下规定，具备下列条件之一的人员，可以申请登记从事司法鉴定业务：

其一，具有与所申请从事的司法鉴定业务相关的高级专业技术职称。

其二，具有与所申请从事的司法鉴定业务相关的专业执业资格或高等院校相关专业本科以上学历，从事相关工作 5 年以上。

其三，具有与所申请从事的司法鉴定业务相关工作 10 年以上经历，具有较强的专业技能。

因故意犯罪或职务过失犯罪受过刑事处罚的，受过开除公职处分的，以及被撤销鉴定人登记的人员，不得从事司法鉴定业务。

人民法院司法鉴定机构应当对提出申请的鉴定人进行全面审查，择优确定对外委托和组织司法鉴定的鉴定人候选名单。申请进入地方人民法院鉴定人名册的单位和个人，其入册资格由有关人民法院司法鉴定机构审核，报上一级人民法院司法鉴定机构批准，并且报最高人民法院司法鉴定机构备案。人民法院司法鉴定机构依据尊重当事人选择与人民法院指定相结合的原则，组织诉讼双方当事人进行司法鉴定的对外委托。诉讼双方当事人协商不一致的，由人民法院司法鉴定机构在列入名册的、符合鉴定要求的鉴定人中，选择受委托人鉴定。司法鉴定所涉及的专业未纳入名册时，人民法院司法鉴定机构可以从社会相关专业中，择优选定受委托单位或专业人员进行鉴定。如果被选定的单位或专业人员需要进入鉴定人名册的，仍应当呈报上一级人民法院司法鉴定机构批准。

我国法律规定司法鉴定机构和司法鉴定人进行司法鉴定活动，应当遵守法律法规、规章，遵守职业道德和职业纪律，尊重科学，遵守技术操作规范。司法鉴定实行鉴定人负责制度。司法鉴定人应当依法独立、客观、公正地进行鉴定，并且对自己作出的鉴定意见负责。司法鉴定机构和司法鉴定人应当保守在执业活动中知悉的国家秘密、商业秘密，不得泄露个人隐私。未经委托人的同意，不得向其他人或组织提供与鉴定事项有关的信息，但法律法规另有规定的除外。

经批准列入人民法院司法鉴定人名册的鉴定人在《人民法院报》予以公告。已列入名册的鉴定人应当接受有关人民法院司法鉴定机构的年度审核并提交以下材料：

其一，年度业务工作报告书。

其二，专业技术人员变更情况。

其三，仪器设备更新情况。

其四，其他变更情况和要求提交的材料。

年度审核有变更事项的，有关司法鉴定机构应当逐级报最高人民法院司法鉴定机构备案。鉴定人或鉴定机构有违反相关规定行为的，应由省级人民政府司法行政部门予以警告，责令改正。鉴定人或鉴定机构有下列情形之一的，应由省级人民政府司法行政部门给予停止从事司法鉴定业务3个月以上1年以下的处罚，情节严重的撤销登记：

其一，因严重不负责任给当事人合法权益造成重大损失的。

其二，提供虚假证明文件或采取其他欺诈手段骗取登记的。

其三，经人民法院依法通知，拒绝出庭作证的。

其四，法律法规规定的其他情形。

鉴定人故意作出虚假鉴定，构成犯罪的，依法追究刑事责任；尚不构成犯罪的，依照前款规定给予处罚。

（三）司法鉴定人的委托与受理

我国的司法鉴定机构应当统一受理司法鉴定的委托。各个司法鉴定机构之间没有隶属关系，司法鉴定机构接受从事司法鉴定业务，不受地域范围的限制，鉴定人应当在一个鉴定机构中从事司法鉴定业务。在诉讼过程中，对需要鉴定的争议鉴定事项应当委托列入名册的鉴定人进行鉴定，鉴定人从事司法鉴定业务应由其所在机构统一接受委托。

司法鉴定机构接受鉴定委托应当要求委托人出具鉴定委托书，提供委托人的身份证明，并且提供委托鉴定事项所需的鉴定材料。委托人委托他人代理的，应当要求出具委托书。

在司法鉴定中，委托事项所需的鉴定材料包括两类：一是检材资料。检材是指与鉴定事项有关的生物检材和非生物检材。二是鉴定资料。鉴定资料是指存在于各种载体上与鉴定事项有关的记录。

委托人在委托司法鉴定机构出具鉴定委托书应载明的内容：

其一，委托人的名称或姓名。

其二，拟委托的司法鉴定机构的名称。

其三，委托鉴定的事项。

其四，鉴定事项的用途。

其五，鉴定要求等。

其六，委托鉴定事项属于重新鉴定的，应当在委托书中注明。

委托人应当向司法鉴定机构提供真实、完整、充分的鉴定材料，并且对鉴定材料的真实性、合法性负责。委托人不得要求或暗示司法鉴定机构和司法鉴定人按其意图或特定目的提供鉴定意见。司法鉴定机构受到委托，应当对委托的鉴定事项进行审查，对属于本机构司法鉴定业务范围，委托鉴定事项的用途及鉴定要求合法，提供的鉴定材料真实、完整、充分的鉴定委托，应当予以受理。对提供的鉴定材料不完整、不充分的，司法鉴定机构可以要求委托人补充；委托人补充齐全的，予以受理。

对符合受理条件的鉴定委托，司法鉴定机构应当即时作出受理的决定；不能即时决定受理的，应当在 7 个工作日内作出是否受理的决定，并且通知委托人；对通过信函提出鉴定委托的，应当在 10 个工作日内作出是否受理的决定，并且通知委托人；对疑难、复杂或特殊鉴定事项的委托，可以与委托人协商确定受理的时间。

司法鉴定机构在审核鉴定委托时，具有下列情形之一的鉴定委托，司法鉴定机构不得受理：

其一，委托事项超出本机构司法鉴定业务范围的。

其二，鉴定材料不真实、不完整、不充分或取得方式不合法的。

其三，鉴定事项的用途不合法或违背社会公德的。

其四，鉴定要求不符合司法鉴定执业规则或相关鉴定技术规范的。

其五，鉴定要求超出本机构技术条件和鉴定能力的。

其六，不符合司法鉴定通则的重新鉴定要求的。

其七，其他不符合法律法规、规章规定情形的。

对不予受理的委托鉴定事件，鉴定机构应当向委托人说明理由，并且退还其提供的鉴定材料。司法鉴定机构决定受理司法委托鉴定的，应当根据相关法律法规与委托人在协商一致的基础上签订司法鉴定协议书。在司法鉴定协议书中应当载明下列事项：

其一，委托人和司法鉴定机构的基本情况。

其二，委托鉴定的事项及用途。

其三，委托鉴定的要求。

其四，委托鉴定事项涉及的案件的简要情况。

其五，委托人提供的鉴定材料的目录和数量。

其六，鉴定过程中双方的权利、义务。

其七，鉴定费用及收取方式。

其八，其他需要载明的事项。

因鉴定需要耗尽或可能损坏委托人所提供的鉴定检材的，或者在鉴定完成后无法完整退还检材的，应当事先向委托人讲明，以征得委托人的同意和认可，并且在协议书中载明。在进行司法鉴定过程中需要变更协议书内容的，应当由协议双方协商确定。

（四）鉴定人回避制度

我国法律的回避制度包括自行回避、申请回避和指令回避三种。《民事诉讼法》《刑事诉讼法》分别对民事案件和刑事案件审判中的回避制度作出了具体的规定。我国相关法律规定在司法鉴定中鉴定人应当依照诉讼法律规定实行回避。遇有鉴定人应当回避的情形时，有关人民法院司法鉴定机构应当重新选择鉴定人。

2007 年施行的《司法鉴定程序通则》第二十条规定：“司法鉴定人本人或者其近亲属与诉讼当事人、鉴定事项涉及的案件有利害关系，可能影响其独立、客观、公正进行鉴定的，应当回避。”第二十一条规定：“司法鉴定人自行提出回避的，由其所属的司法鉴定机构决定；委托人要求司法鉴定人回避的，应当向该司法鉴定人所属的司法鉴定机构提出，由司法鉴定机构决定。委托人对司法鉴定机构是否实行回避的决定有异议的，可以撤销鉴定委托。”

在对医疗事故司法鉴定进行重新鉴定的过程中，若存在以下情形，司法鉴定人员需要回避：

其一，司法鉴定人本人或其近亲属与委托人、委托的鉴定事项或鉴定事项涉及的案件有利害关系，可能影响其独立、客观、公正进行鉴定的。

其二，参加过同一鉴定事项的初次鉴定的。

其三，在同一鉴定事项的初次鉴定过程中作为专家提供过咨询意见的。

（五）司法鉴定的收费

司法鉴定收费是指司法鉴定机构依法接受委托，在诉讼活动中运用科学技术或专门知识对诉讼涉及的专门性问题进行鉴别和判断并提供鉴定意见，由司法鉴定机构向委托人收取服务费用的行为。

《司法鉴定程序通则》第八条规定：“司法鉴定收费执行国家有关规定。”司法鉴定的收费项目和收费标准由国务院司法行政部门商请国务院价格主管部门确定。对司法鉴定标准进行规范，有利于切实保障医疗事故司法鉴定的有序进行，同时有力地维护了司法鉴定委托人及司法鉴定机构的合法权益。

司法鉴定收费标准应当遵循公开公平、诚实信用、平等有偿及委托人付费等四个原则。此外，司法鉴定的收费标准应当按照有利于司法鉴定事业可持续发展和兼顾社会承受能力的原则来制定。医疗事故司法鉴定收费的相关事宜应当在司法鉴定协议书中注明。司法鉴定的费用应该由司法鉴定机构统一收取，司法鉴定人不得私自向委托人收取鉴定费用。

（六）司法鉴定的实施

司法鉴定机构受理委托人鉴定委托后，应当指定本机构中具有该鉴定事项执业资格的司法鉴定人进行鉴定。委托人有特殊要求的，经双方协商一致，也可以从本机构中选择符合条件的司法鉴定人进行鉴定。司法鉴定机构对同一鉴定事项应当指定或选择 2 名司法鉴定人共同进行鉴定；对疑难、复杂或特殊的鉴定事项，可以指定或选择多名司法鉴定人进行鉴定。这与医疗纠纷鉴定中对疑难、复杂或在全国有重大影响的医疗纠纷可提请中华医学会进行鉴定是相通的。

在司法鉴定中，司法鉴定机构对鉴定材料的保管和使用应当严格按照有关技术规范，严格监控鉴定材料的接收、传递、检验、保存和处置等环节，并且建立科学、严密的检材和鉴定资料管理制度。司法鉴定机构和司法鉴定人因严重不负责任造成鉴定材料损毁、遗失的，应当依法承担责任。

司法鉴定人进行鉴定，应当依下列顺序遵守和采用该专业领域的技术标准和技术规范：

其一，国家标准和技术规范。

其二，司法鉴定主管部门、司法鉴定行业组织或相关行业主管部门制定的行业标准和技术规范。

其三，该专业领域多数专家认可的技术标准和技术规范。

在实际鉴定中，若由于条件限制不具备上述条款规定的技术标准和技术规范的，可以采用所属司法鉴定机构自行制定的有关技术规范。

司法鉴定人进行鉴定，应当对鉴定过程进行实时记录并签名。记录可以采取笔记、录音、录像、拍照等方式。记录的内容应当真实、客观、准确、完整、清晰，记录的文本或音像载体应当妥善保存。

司法鉴定人在进行鉴定的过程中，需要对特殊人群进行检查和鉴定的，需遵循以下规定：

其一，需要对女性做妇科检查的，应当由女性司法鉴定人进行；无女性司法鉴定人的，应当有女性工作人员在场。

其二，鉴定过程中需要对未成年人的身体进行检查的，应当通知其监护人到场。

其三，对被鉴定人进行法医精神病鉴定的，应当通知委托人或被鉴定人的近亲属或监护人到场。

对女性、未成年人和可能精神病患者的鉴定作出特殊规定，对特殊人群的权益进行特殊保护，是我国法律人性化的体现。

对需要到现场提取检材的，应当由不少于2名司法鉴定人提取，并且通知委托人到场见证。对需要进行尸体解剖的，应当通知委托人或死者的近亲属或者护人到场见证。

司法鉴定机构在进行鉴定的过程中，如遇特别复杂、疑难、特殊技术问题的，可以向该机构以外的相关专业领域的专家进行咨询，但最终的鉴定意见应当由该机构的司法鉴定人出具，专家鉴定意见则作为司法鉴定机构司法鉴定结论的一部分。对于涉及重大案件或遇特别复杂、疑难、特殊技术问题的鉴定事项，根据司法机关的委托或经其同意，司法鉴定主管部门或司法鉴定行业组织可以组织多个司法鉴定机构进行鉴定。

司法鉴定机构进行鉴定的时限应当在与委托人签订司法鉴定协议书之日起30个工作日内完成委托事项的鉴定。但如果鉴定事项涉及复杂、疑难、特殊技术问题或检验过程需要较长时间的，经本鉴定机构负责人批准，完成鉴定的时间可以延长，延长时间一般不得超过30个工作日。司法鉴定机构与委托人对完成鉴定的时限另有约定的，从其约定。在鉴定过程中，补充或重新提取鉴定材料所需的时间不计入鉴定时限。

司法鉴定机构完成委托人委托的鉴定事项后，需要对司法鉴定进行审核。司法鉴定机构可以指定专人对该项鉴定的实施是否符合规定的程序、是否采用符合规定的技术标准和技术规范及鉴定人员是否符合相关规定和要求等情况进行复核，发现有违反《司法鉴定程序通则》规定情形的，司法鉴定机构应当予以纠正。人民法院司法鉴定机构对外委托鉴定的，应当指派专人负责协调，主动了解鉴定的有关情况，及时处理可能影响鉴定的问题。

接受委托的鉴定人和鉴定机构认为需要补充鉴定材料以便进行鉴定时，如果由申请鉴定的当事人提供确有困难的，可以向有关人民法院司法鉴定机构提出请求，由人民法院决定依据职权采集鉴定材料。

鉴定人应当依法履行出庭接受质询的义务。人民法院司法鉴定机构应当协调鉴定人做好出庭工作。列入名册的鉴定人有不履行义务、违反司法鉴定有关规定的，由有关人民法院视情节取消其入册资格，并且在《人民法院报》公告。

（七）再次鉴定与补充鉴定

我国的司法鉴定相关法律及民事诉讼证据的相关法律中都对再次鉴定作出了相关规定。从我国民事诉讼证据的角度来说，当事人申请鉴定经人民法院同意后，由双方当事人协商确定有资格的鉴定机构、鉴定人员。若双方协商未能达成一致，则由人民法院指定鉴定机构进行鉴定。当事人若对由人民法院委托的鉴定机构所作出的鉴定结论有异议，欲申请重新鉴定，若当事人能够提出证据证明下列情形之一的，人民法院应当准许重新鉴定的申请：

其一，鉴定机构或鉴定人员不具备相关的鉴定资格的。

其二，鉴定程序严重违法的。

其三，鉴定结论明显依据不足的。

其四，经过质证认定不能作为证据的其他情形。

对有缺陷的鉴定结论，可以通过补充鉴定、重新质证或补充质证等方式解决的，不予重新鉴定。同时，如果由一方当事人自行委托有关部门作出的鉴定结论，另一方当事人有证据足以反驳并重新鉴定的，人民法院应予准许。

《司法鉴定程序通则》规定有下列情形之一的，司法鉴定机构可以接受委托进行重新鉴定：

其一，原司法鉴定人不具有从事原委托事项鉴定执业资格的。

其二，原司法鉴定机构超出登记的业务范围组织鉴定的。

其三，原司法鉴定人按规定应当回避没有回避的。

其四，委托人或其他诉讼当事人对原鉴定意见有异议并能提出合法依据和合理理由的。

其五，法律规定或人民法院认为需要重新鉴定的其他情形。

接受重新鉴定委托的司法鉴定机构的资质条件一般应当高于原委托的司法鉴定机构。重新鉴定应当委托原鉴定机构以外的列入司法鉴定机构名册的其他司法鉴定机构进行；委托人同意的，也可以委托原司法鉴定机构，由其指定原司法鉴定人以外的其他符合条件的司法鉴定人进行。

有下列情形之一的，司法鉴定机构可以根据委托人的请求进行补充鉴定，补充鉴定仍作为原委托鉴定的组成部分：

其一，委托人增加新的鉴定要求的。

其二，委托人发现委托的鉴定事项有遗漏的。

其三，委托人在鉴定过程中又提供或补充了新的鉴定材料的。

其四，其他需要补充鉴定的情形。

在我国的民事诉讼证据中，若一方当事人提供的鉴定结论存在鉴定人不具备鉴定资格，鉴定程序严重违法，鉴定结论错误、不明确或内容不完整的，则不具备法律效力。

（八）鉴定终止

司法鉴定机构在进行鉴定过程中，遇下列情形之一的，可以终止鉴定：

其一，发现委托鉴定事项的用途不合法或违背社会公德的。

其二，委托人提供的鉴定材料不真实或取得方式不合法的。

其三，因鉴定材料不完整、不充分或因鉴定材料耗尽、损坏，委托人不能或拒绝补充提供符合要求的鉴定材料的。

其四，委托人的鉴定要求或完成鉴定所需的技术要求超出本机构技术条件和鉴定能力的。

其五，委托人不履行司法鉴定协议书规定的义务或被鉴定人不予配合，致使鉴定无法继续进行的。

其六，因不可抗力致使鉴定无法继续进行的。

其七，委托人撤销鉴定委托或主动要求终止鉴定的。

其八，委托人拒绝支付鉴定费用的。

其九，司法鉴定协议书约定的其他终止鉴定的。

终止鉴定的，司法鉴定机构应当书面通知鉴定委托人，说明理由并退还鉴定材料。

（九）司法鉴定文书的出具

司法鉴定机构和司法鉴定人在完成委托人所委托的鉴定事项后，应当向委托人出具司法鉴定文书。司法鉴定文书是司法鉴定机构和司法鉴定人依照法定条件和程序，运用科学技术或专门知识对诉讼中涉及的专门性问题进行分析、鉴别和判断后出具的记录和反映司法鉴定过程和司法鉴定意见的书面载体。

司法鉴定文书由进行司法鉴定的司法鉴定人按照我国 2007 年出台的《司法鉴定文书规范》中的具体要求进行制作。

司法鉴定文书分司法鉴定意见书和司法鉴定检验报告书两部分。

司法鉴定意见书是司法鉴定机构和司法鉴定人对委托人提供的鉴定材料进行检验、鉴别后出具的记录司法鉴定人专业判断意见的文书，一般包括标题、编号、基本情况、检案摘要、检验过程、分析说明、鉴定意见、落款、附件及附注等内容。

司法鉴定检验报告书是司法鉴定机构和司法鉴定人对委托人提供的鉴定材料进行检验后出具的客观反映司法鉴定人的检验过程和检验结果的文书，一般包括标题、编号、基本情况、检案摘要、检验过程、检验结果、落款、附件及附注等内容。

司法鉴定文书应当由司法鉴定人签名或盖章。多人参加司法鉴定，对鉴定意见有不同意见的，应当注明。

司法鉴定文书应当同时加盖司法鉴定机构的司法鉴定专用章红印和钢印两种印模。司法鉴定人使用的印章和司法鉴定机构使用的司法鉴定专用印章应当经登记管理机关备案后使用。

司法鉴定文书正文标题下方编号处应当加盖司法鉴定机构的司法鉴定专用章钢印；司法鉴定文书各页之间应当加盖司法鉴定机构的司法鉴定专

用章红印，作为骑缝章；司法鉴定文书制作日期处应当加盖司法鉴定机构的司法鉴定专用章红印。

司法鉴定机构的司法鉴定专用章的红印和钢印为圆形，制作规格为直径 4 厘米，中央刊五角星，五角星上方刊司法鉴定机构名称，自左而右环行；五角星下方刊司法鉴定专用章字样，自左而右横排。司法鉴定机构的司法鉴定专用章红印和钢印印文中的汉字应当使用国务院公布的简化字，字体为宋体。民族自治地方的司法鉴定机构的司法鉴定专用章红印和钢印印文应当并列刊汉字和当地通用的少数民族文字，自左而右环行。

司法鉴定机构出具的司法鉴定文书一般应当一式三份，两份交委托人收执，一份由本机构存档。司法鉴定机构应当按照有关规定或与委托人约定的方式，向委托人发送司法鉴定文书。委托人对司法鉴定机构的鉴定过程或所出具的鉴定意见提出询问的，司法鉴定人应当给予解释和说明。

司法鉴定机构完成委托的鉴定事项后，应当按照规定将司法鉴定文书及在鉴定过程中形成的有关材料整理立卷，归档保管。

第三节　医疗纠纷的鉴定结论

专家鉴定组应当综合分析医疗过失行为在导致医疗事故损害后果中的作用、患者原有疾病状况等因素，判定过失行为的责任程度。医疗事故中医疗过失行为的责任程度：一是完全责任，指医疗事故损害后果完全由医疗过失行为造成。二是主要责任，指医疗事故损害后果主要由医疗过失行为造成，其他因素起次要作用。三是次要责任，指医疗事故损害后果主要由其他因素造成，医疗过失行为起次要作用。四是轻微责任，指医疗事故损害后果绝大部分由其他因素造成，医疗过失行为起轻微作用。

《医疗事故处理条例》第三十三条规定：“有以下情形之一的，不属于医疗事故：（一）在紧急情况下为抢救垂危患者而采取紧急医学措施造成不良后果的；（二）在医疗活动中，由于患者病情异常或者患者体质特殊而发生医疗意外的；（三）在现有医学科学技术条件下，发生无法预料或者不能防范的不良后果的；（四）无过错输血感染造成不良后果的；（五）因患方原因延误诊疗导致不良后果的；（六）因不可抗力造成不良后果的。”

已经废止的《医疗事故处理办法》规定：“在诊疗护理过程中，有下列情形之一的，不属于医疗事故：（一）虽有诊疗护理错误，但未造成病员死亡、残废、功能障碍的；（二）由于病情或病员体质特殊而发生难以预料和防范的不良后果的；（三）发生难以避免的并发症的；（四）以病员及其家属不配合诊疗为主要原因而造成不良后果的。”

《医疗事故处理条例》在《医疗事故处理办法》原有的不属于医疗事故情况的基础上作了进一步的细化规定和修正，这既是现代医学技术发展的结果，也是我国法治进步的表现，对不属于医疗事故情况的具体规定最大限度地保证了医疗纠纷中医务工作者的正当合法权益，保证了正常的医疗秩序，在某种程度上这些规定也是对医患双方在发生医疗关系过程中双方应尽的义务的规定。

《医疗事故处理办法》根据给患者直接造成损害的程度，将医疗事故分为三级：“一级医疗事故，造成病员死亡的。二级医疗事故，造成病员严重残废或者严重功能障碍的。三级医疗事故，造成病员残废或者功能障碍的。”

《医疗事故处理条例》根据患者人身的损害程度，将医疗事故分为四级：“一级医疗事故：造成患者死亡、重度残疾的；二级医疗事故：造成患者中度残疾、器官组织损伤导致严重功能障碍的；三级医疗事故：造成患者轻度残疾、器官组织损伤导致一般功能障碍的；四级医疗事故：造成患者明显人身损害的其他后果的。”

《医疗事故处理条例》与《医疗事故处理办法》都对每一级别的具体分级标准作了细化与规定。《医疗事故处理条例》除了对每一级别损害等级具体规定外，还明确了医疗事故一级乙等至三级戊等分别对应着伤残等级的

1—10级。随着我国医学科学技术的进步和医疗卫生事业的发展，医疗纠纷呈现多发性和多元化的特点，增加对医疗事故等级的划分及对不同类型损害的细化规定，不仅对医疗纠纷的鉴定和医疗纠纷的后期处理有重要作用，同时对于保证医患双方的合法权益尤其是保证在医疗行为中处于弱势的患方的合法权益具有深刻意义。

我国卫生行政部门在2002年施行的《重大医疗过失行为和医疗事故报告制度的规定》也对鉴定及其报告作出了规定。例如，其中的第六条规定："医疗事故争议经医疗事故技术鉴定确定为医疗事故，双方当事人协商或卫生行政部门调解解决的，医疗机构应当在协商（调解）解决后7日内向所在地县级卫生行政部门作出书面报告。报告的内容包括：（一）医疗事故技术鉴定书；（二）双方当事人签定的协议书或行政调解书，载明协商确定的赔偿数额；（三）双方当事人签定的或行政调解达成的协议执行计划或执行情况；（四）医疗机构对当事医务人员的处理情况；（五）医疗机构整改措施；（六）对当事医务人员的行政处理建议；（七）省级卫生行政部门规定的其他内容。"第五条规定："医疗事故争议未经医疗事故技术鉴定，由双方当事人自行协商解决的，医疗机构应当自协商解决之日起7日内向所在地县级卫生行政部门作出书面报告。报告的内容包括：（一）双方当事人签定的协议书，载明双方当事人的基本情况和医疗事故的原因、双方当事人共同认定的医疗事故等级、医疗过失行为责任程度以及协商确定的赔偿数额等；（二）协议执行计划或执行情况；（三）医疗机构对当事医务人员的处理情况；（四）医疗机构整改措施；（五）对当事医务人员的行政处理建议；（六）省级以上卫生行政部门规定的其他内容。"第七条规定："医疗事故争议经人民法院调解或者判决解决的，医疗机构应当自收到生效的人民法院调解书或者判决书之日起7日内向所在地县级卫生行政部门作出书面报告。报告的内容包括：（一）人民法院的调解书或判决书；（二）人民法院调解书或判决书执行计划或者执行情况；（三）医疗机构对当事医务人员的处理情况；（四）医疗机构整改措施；（五）对当事医务人员的行政处理建议；（六）省级以上卫生行政部门规定的其他内容。”

各级卫生行政部门应将辖区内发生的医疗事故有关情况进行汇总并上报国家中医药管理局，上报的内容包括按医疗事故等级统计的医疗事故数量，按医疗事故等级和解决途径（双方当事人协商、行政调解和民事诉讼）同级的医疗事故数量，按医疗事故等级和医疗过失行为责任程度同级的医疗事故数量，按医疗事故等级和首次鉴定、再次鉴定、中华医学会组织鉴定统计的医疗事故数量，按医疗事故等级和医疗机构类别统计的医疗事故数量等。对医疗事故的统计及对医疗事故鉴定的统计上报，有利于国家综合管理医疗卫生体系秩序，重点治理卫生领域的薄弱环节，同时也为卫生行政部门和立法部门制定相关的政策和法规提供依据。

第八章　医疗纠纷的多元化解决途径

医疗纠纷已经成为社会的热点问题，稍有不慎，小则影响医疗秩序，大则引起社会群体事件。因此，及时有效地解决医疗纠纷显得尤为重要。当前社会处于转型期，矛盾比较集中和多发，必须有相应的制度予以消解，我国目前主要有诉讼和非诉讼两大医疗纠纷解决途径。

非诉讼纠纷解决机制也称替代性纠纷解决方式（Alternative Dispute Resolution，简称 ADR）。该概念源于美国，原来是 20 世纪逐步发展起来的各种诉讼以外纠纷解决方式的总和，现在已经被引申为世界各国普遍存在的、民事诉讼制度之外的非诉讼解决方式或机制的总称。

ADR 在民事纠纷解决过程中发挥了重要作用。其优点：一是能充分发挥作为中立调解人的专家在纠纷解决中的作用；二是以妥协而不是对抗的方式解决纠纷有利于维护需要长久维系的合作关系、人际关系乃至维护共同体的凝聚力和社会的稳定；三是使当事人有更多的机会和可能参与纠纷的解决；四是有利于保守个人隐私和商业秘密；五是处理新的技术和社会问题时，在法律规范相对滞后的情况下，能够提供一种适应社会和技术发展变化的灵活的纠纷解决程序；六是当事人理性的协商和妥协，可能得到双赢的结果。[①]

目前，我国医疗纠纷非诉讼解决方式包括当事人双方和解、第三方介入调解、卫生行政部门调解及仲裁等。

---

① 张新华，王素芳．论医疗纠纷 ADR 机制之构建［J］．中国卫生法制，2011（1）：36-39．

第一节 医患双方协商

双方协商在非诉讼纠纷解决方式中又称双方对话与和解，是指在没有第三方主持的情况下，纠纷当事人就争执问题进行谈判或对话并达成协议的纠纷解决方式。我国的《医疗事故处理条例》明文规定了医患双方进行协商是三种医疗事故纠纷解决方式的一种，医患双方可以通过协调对话，在平等自愿、互谅互让的基础上达成协议，自行解决医疗纠纷。

从表 8-1、表 8-2、表 8-3 中可以看出，91％的医疗纠纷通过协商解决；70％的患者认为医疗纠纷发生后患者经常采用的解决方式是找医院协商，通过谈判解决；55％的医务人员认为医疗纠纷发生后患者最常采用的解决方式是找医院协商，通过谈判解决。由此可见，当前医疗纠纷解决的主要方式还是协商解决，患者和医务人员大多认为医疗纠纷最常用的解决办法是协商解决。①

表 8-1 医疗纠纷解决方法总量统计

类别	三种解决方式数量（件）	与总纠纷量的比例（％）	获赔数量（件）	获赔率（％）
自行协商	1398	91.0	512	36.6
诉讼解决	86	5.6	44	51.2
卫生行政部门调解	48	3.1	3	6.3

① 高建伟，曹文姝，徐日和．上海市 37 所医疗机构和 124 位患者医患双方协商解决纠纷现状调查分析［J］．中国医院，2011（7）：47-49.

表 8-2　医务人员：医疗纠纷发生后患者最常采用的解决方法

类别	频数	百分比（%）
与医院协商解决	129	55.8
找卫生局投诉	20	7.8
到法院起诉	1	4.0
闹事、打骂医务人员	68	26.4
其他（向媒体曝光）	13	5.0

表 8-3　患方：发生医疗纠纷通常采取的解决方法

类别	频数	百分比（%）
与医院协商解决	273	69.5
找卫生行政部门	74	18.8
到法院诉讼	38	9.7

一、协商的优点

（一）程序简单，形式灵活

协商解决医疗纠纷没有固定的形式，也没有法律规定的程序，所以程序非常简单，形式非常灵活。协商对时间、空间和内容的要求极低，只要双方同意，绝大多数医疗纠纷都可以通过协商得到解决。由于受我国传统文化的影响，多数民众心中还有“怕诉”的思想，当发生医疗纠纷时，患者方面一般会先找到医疗机构进行协商，要求赔偿。

（二）隐蔽性强，能维护医患之间的关系，有效减轻医疗机构的名誉损失

患者与医院发生医疗纠纷后，双方可能再次发生就诊与治疗的关系，如果一开始就通过诉讼等方式解决双方之间的医疗纠纷，势必影响双方的心理和行为，就医者心存芥蒂，治疗者如履薄冰；如果采取协商和解的手

段，则能减少这种忧虑。对医院来说，名誉非常重要，可以想象，一个经常发生医疗纠纷的医院，谁还会去就诊？协商就是患方与医院之间的对话、协调，隐蔽性极强，将事件真相控制在一个非常小的范围内，有效地减轻了医疗机构的名誉损失。而在诉讼过程中，患者与医院对簿公堂，审判公开，媒体报道，不管最后是否由医院承担责任，其名誉损失已是无法挽回。

（三）双方当事人自愿达成协议，比较容易履行

和解是医患双方通过协商的形式，在平等自愿的基础上，本着互谅互让的精神达成协议，自行解决医疗纠纷的一种手段。它是完全由双方当事人在私人意思自治范围内采取的解决方式，由于是自愿达成协议，所以一般也会自觉履行。

（四）纠纷解决成本很低

协商解决医疗纠纷，双方当事人一般无须支付律师代理费、诉讼费、鉴定费，取证等成本也很低，所以从经济上来说十分划算。况且，很多医疗纠纷通过诉讼等途径不仅得不到赔偿，反而浪费大量的司法资源，如因患者本身的特异体质、不可避免的并发症等发生的医疗纠纷，因对医疗过程不理解和对医院服务态度不满意等问题发生的纠纷。通过协商解决，无论对当事人还是对社会来说，都是成本最低的纠纷解决机制。

二、协商解决的局限性

首先，由于双方协商无程序限制，也无法接受法律的监管，协商有时不能维护双方的合法利益。一方面，少数患者在协商的过程中可能采取极端措施威胁医疗机构，影响医疗机构的正常运作。医疗机构往往迫于压力而接受患者的过分要求，从而使医疗机构和医务人员的利益受损。另一方面，医疗机构也可能利用患者对医疗知识的匮乏，故意隐瞒医疗真实行为，向弱者施加各种压力，对过失行为造成的后果不予赔偿或仅给予少量赔偿，这同样也侵害了患者的合法权利。其次，如何使医患双方确认和解协议的公平性和合法性，并且维护和解协议的法律效力也是一个难题。由于协商

的随意性，医患双方事后可能会对达成协议的公平性和合理性产生怀疑，并且因为协议的非强制性而可能反悔达成的赔偿方案，造成医患双方不必要的重复成本。最后，尽管双方协商可以消除纠纷，但其常常排斥了本应介入的公权力机关对相关责任人的追究，有违法治精神。这一点在医疗纠纷和解中尤为明显。由于医疗事故常常存在民事责任、行政责任、刑事责任的竞合，在发生重合的情况下，当事人之间的和解（私了）可能掩盖了医疗机构的责任，从而使相关责任人逃避法律的制裁。

三、协商解决应进一步完善

协商的本质是使医患双方的对抗不仅在形式上、行为上而且在心理上、情感上得到消除。因此，协商达成的协议往往比通过其他方式达成的协议更具持久性，更容易得到医疗纠纷当事人的自愿履行。协商往往可以与其他纠纷解决方式同时使用，通过协商解决医疗纠纷是一条便捷、经济的途径，应大力倡导。前文已经提到，目前我国医疗纠纷大部分是通过协商解决的，但是暴力事件也多发生在这个阶段，关键问题是如何引导医疗纠纷的协商解决。笔者认为应该主动创造宽松的法律环境，促进医疗纠纷协商解决。

（一）立法上应进一步明确医疗纠纷协商的范围

《医疗事故处理条例》第四十三条规定："医疗事故争议由双方当事人自行协商解决的，医疗机构应当自协商解决之日起 7 日内向所在地卫生行政部门作出书面报告，并附具协议书。"第四十七条规定："双方当事人协商解决医疗事故的赔偿等民事责任争议的，应当制作协议书。协议书应当载明双方当事人的基本情况和医疗事故的原因、双方当事人共同认定的医疗事故等级以及协商确定的赔偿数额等，并由双方当事人在协议书上签名。"协商解决医疗纠纷，双方要共同认定或鉴定构成医疗事故，通过自愿协商而达成协议。而在现实生活中的主要情形：一是不明是非、讨价还价式的纠纷协商。医疗机构虽意识到自身存在医疗事故或医疗过失，但隐瞒患方，双方只针对赔偿讨价还价，达成和解协议。二是出于无奈而签订“不平等条约”。由于患方纠缠医院，出于息事宁人保平安、减少影响保声誉的态度，医院被迫与患方达成和解协议，赔钱了事。对于现实中存在的此类协商情形，《医疗事故处理条例》并没有作出相应的规定，为了更有助于医疗纠纷的解决，有必要将那些双方没有共同认定或鉴定构成医疗事故的纠纷同样纳入协商的范围。

（二）应加强对医疗机构医疗纠纷协商解决的行政监督

尽管协商可以解决纠纷，但可能使有关责任人逃避相关责任的追究。医疗事故纠纷中往往存在着民事责任、行政责任和刑事责任的竞合，当事人利用协商有可能规避卫生行政部门和检察机关对相关主体的责任追究，从而逃避法律制裁。行政机关要主动介入，如建立定期上报医疗纠纷情况、医疗纠纷协议书由卫生行政部门备案等制度，完善监管环节，堵塞监管漏洞。

（三）司法上应认可医疗纠纷协议书具有一定的法律效力

协商后的协议书是双方当事人自愿达成的，双方一般都会自觉地履行协议书所确定的内容。因此，从本质上讲，没有必要从法律上规定协议书的法律强制效力。因为协议书签订的程序非常灵活，协商自由度很高，为了防止出现不公平、不公正等负面影响，也不应规定协议书的法律强制效力。如果赋予协议书法律强制效力，协商过程中出现的隐性强制等就很难预防。最高人民法院的司法解释规定了在人民调解委员会主持下达成的人民调解协议具有合同的效力，但对纠纷当事人双方自行达成的协议书的效力没有作出规定。笔者认为，对于医患双方和解后患方或医方又重新提起诉讼的医疗纠纷案件，人民法院应当依法受理。在审理中，应当将协议书作为一份重要的证据对待，对于没有下列情形的协议，应依法支持协议所确定的内容：损害国家、集体或第三人利益；以合法形式掩盖非法目的；损害社会公共利益；违反法律、行政法规的强制性规定；因重大误解订立的；在订立调解协议时显失公平的；一方以欺诈、胁迫的手段或乘人之危，使对方在违背真实意思的情况下订立的调解协议。当然，对于赔偿数额较大、有潜在变故的纠纷，有的地方通过公证的形式以强化和解协议的法律效力也是有效的办法。经过公证的和解协议具有很强的证据效力。按照《民事诉讼法》第七十二条的规定，除非有相反的证据足以推翻公证证明的以外，人民法院应当将公证文书作为认定事实的根据。

（四）保险上应对协商解决医患纠纷持更加宽容的态度

保险公司对协商的恐惧与担忧是正常的，但规范的协商解决纠纷的成本是最低的，从根本上来说对保险公司有利，所以保险公司应对协商解决医患纠纷持更加宽容的态度。可以用一些办法防止负面作用的发生，如将和解机制规范化、具体化，在通过和解解决医疗纠纷的时候，鼓励医疗纠纷当事人采用正式和解协议，协议内容应清楚明确，避免出现含糊其词、规避责任的现象；保险公司适当提前介入；建立和解报告制度，医院及时将有关情况报告给保险公司等。①

第二节　医疗纠纷人民调解委员会调解

人民调解是我国法治建设中一项独特的制度，是现行调解制度的重要组成部分，是指在人民调解委员会主持下，依法对民间纠纷当事人说服劝解、消除纷争的一种群众自治活动。医疗纠纷是平等民事主体之间发生的一类民事纠纷，属于人民调解委员会调解的工作范围。与协商不同，医患之间在解决纠纷的过程中有第三方介入，在结果上，除了能较充分地体现当事人的意愿外，还反映了第三方的劝导作用。

① 林文学. 医疗纠纷解决机制研究［M］. 北京：法律出版社，2008：55.

一、人民调解解决医疗纠纷的优点分析

（一）快捷方便

人民调解委员会组成形式、组成人员、工作模式都很自由、灵活，可以多次调解，如果不能接受调解结果的，可以随时终止。

（二）调解不收费

人民调解委员会不收费是一个相当大的优势。很多人因病而贫，因诉而更贫。民事诉讼虽然可以裁定谁是谁非，但因医疗纠纷的专业性强，普遍存在取证难、审理周期长的问题，有时很难保证患者得到满意的处理结果。

（三）组织比较正规

人民调解委员会是由司法部门批准成立的，司法行政部门对人民调解组织要行使一定的管理权。其操作有一定的程序，运行有一定的规范，如《人民调解委员会组织条例》《人民调解工作若干规定》《最高人民法院、司法部关于进一步加强新时期人民调解工作的意见》等司法解释、规章及规范性文件。

（四）社会公信力高

人民调解组织属于第三方调解，很中立，独立于医院和患者之外。患者和医院都比较信任，保险公司对人民调解委员会的调解结果也比较认可。

二、人民调解委员会遇到的问题

（一）经费问题

经费问题是困扰人民调解组织开展工作的一个重要原因。人民调解组织不收费，是因为人民调解组织依托居委会、村委会。而专业性人民调解委员会则没有依托，地方上如上海采用“政府买服务”的办法，由政府出资解决。我国幅员辽阔，许多地方财政比较紧张，完全由政府买单不是很现实，允许医疗调解组织在规范的前提下收取一定的服务费应该是可行的。

（二）专业人士问题

专业人士作为调解员参与医疗纠纷的调解是医疗纠纷调解组织存在和发展的根本。由于调解员对医疗专业不了解，很难介入医疗纠纷的处理，所以虽然长期以来人民调解委员会在其他领域发挥了很大的作用，但是一直难以涉足医疗纠纷这个领域。上海成立的医患纠纷人民调解委员会，由于成立了全市的专家库，有利于弥补患者医疗信息不对称、法律知识不足等缺陷，使医疗纠纷往理性化、法治化的方向解决。山西省人民调解员皆为医疗系统的离退休专家、具备医学知识的法律专家和媒体工作者。①

第三节　卫生行政部门调解

卫生行政机关的调解是《医疗事故处理条例》明文规定的调解方式之一，应当在医疗纠纷的调解中占据重要地位。但是，在实践中，卫生行政机关的调节作用越来越被弱化。有人认为，行政权力是一种行政管理权，不应过多介入私人自治性的民事纠纷；民事纠纷要么通过人民调解自治解决，要么诉诸司法途径由中立的法院主持解决，行政机关的干预会造成行政权的滥用。这种观点在我国理论和实务界都有一定影响。但从法理上分析，它是基于对行政权的片面认识而得出的结论。行政权要保障和实现公共利益和公共秩序，手段是多种多样的，并非只能采取强制性、直接干预的方式。当发生纠纷时，对行政相对方进行调停，在尊重当事人意思自治的情况下解决矛盾和冲突也是一种重要的行政手段。行政权属于管理权的性质并不能否定其具有调解纠纷的职能。只要不越俎代庖，对属于私人自治领域的民事纠纷进行介入，有利于维护当事人权益，也有利于保障公共利益和公共秩序。从实践来看，行政调解是现代行政的重要内容，它可以

① 古津贤，李博．医疗纠纷第三方解决机制研究［J］．法学杂志，2011（S1）：376-380．

利用行政机关专业性强、效能较高的优势解决大量纠纷。如果忽视行政调解的作用，就会使更多纠纷涌入法院而诉诸有限的司法资源，不利于纠纷的快速、便捷解决。

一、卫生行政机关自身的优势

（一）主动及时发现纠纷

行政机关在实施行政管理的过程中会直接面对大量的纠纷，所以比人民调解机构和法院更能主动、迅速地发现矛盾和冲突，从而采取有效措施及时予以化解，防止矛盾激化。

（二）处理便捷高效

行政权具有行动强、效能较高的特点，行政机关调解纠纷，特别在对专业管理职能范围内的纠纷进行调解时，能够体现较高的调解效率，快速解决纠纷。

（三）有利于纠纷的预防

行政机关处理涉及自身职责的纠纷，有利于发现行政管理上存在的问题及相关规定的不足，可以及时调整政策，从而预防和减少纠纷的发生。

二、现行医疗纠纷行政调解缺陷的主要表现

（一）卫生行政部门的调解中立性受到挑战

由于卫生行政部门与医院的特殊关系，再加上有时卫生行政部门往往以医院利益的代表者出现，很多患者认为卫生行政部门与医院是一回事，由卫生行政部门主持调解，心理上有强烈的不安全感，甚至认为卫生行政机关偏向医疗机构而往往拒绝调解。

（二）卫生行政部门没有法律上主动介入的理由

按照《医疗事故处理条例》的规定，调解也好，行政处理也罢，主要看当事人的意愿，必须由当事人提出，对患者而言是“书面的医疗事故争议申请”，对医疗机构而言是“重大医疗过失行为”的报告。如果没有申请

或报告，卫生行政部门没有任何法律上的理由进行主动调解。

（三）调解的范围仅仅限于医疗事故

《医疗事故处理条例》对卫生行政部门参与医疗纠纷的处理仅仅规定其判别是不是“医疗事故”，而不判断是否存在“医疗过失”，但启动卫生行政部门参与处理的要素之一就是医疗机构的“重大医疗过失行为”报告，所以二者可以说是存在矛盾的。

（四）让卫生行政部门参与处理医疗纠纷存在困局

卫生行政部门参与医疗纠纷处理之后，还有一项非常重要的职权，就是处理“医疗机构和医务人员”，即判定为医疗事故后，还要依照《医疗事故处理条例》和其他卫生管理法规对后者进行行政处罚，这就使主动提出报告的医疗行为人面临被处罚的危险。此外，医疗机构的报告内容针对的是《医疗事故处理条例》规定的“重大医疗过失行为”，这首先就构成了法律上的“自认”行为，是医疗机构自己认为自己存在“过失”，令医疗机构处于法律上两难的局面。现在的突出问题就是出现医疗事故要处罚，而不构成医疗事故的，即使存在重大医疗过失，也不会受到处罚，许多医疗机构开始主动避开医疗事故技术鉴定和卫生行政部门的参与，宁可通过诉讼和私了，也不通过卫生行政机关解决。

从整体来说，现行的医疗纠纷行政调解制度存在一定的缺陷，不能促进医疗纠纷的诉讼外解决，也不能促进医疗机构主动报告医疗行为上的错误，从而难以主动改进医疗质量，与“医疗缺陷报告制度”精神相背离。因此，现行医疗纠纷的行政调解并非“有效”的纠纷解决机制。在实践中，卫生行政机关也不愿意以它的名义出具调解书，行政调解名存实亡。

三、完善医疗纠纷的行政调解

（一）制定健全的医疗纠纷行政调解法规

当前我国行政调解制度中存在的问题首先应从立法上解决。2002 年，33 名人大代表曾向全国人民代表大会提出了关于制定“行政调解法”的议案。虽然现在未必马上能制定统一的“行政调解法”或“调解法”，但根据各个领域的行政调解实际情况，出台相对统一的规则确有必要。行政调解的原则、范围、方式、程序与法律责任等，在尊重不同领域情况有差异的前提下，应当有共同遵守的规则，以保证法治的统一性。需要对目前比较庞杂的行政调解制度进行清理，及时修正其中一些不规范、不合理的做法。在当前统一的行政调解法无法出台的情况下，应着手对医疗纠纷行政调解的原则、范围、方式、程序等予以明确规范。

（二）提升行政调解协议效力

我国的行政机关历来担负着处理公民纠纷和各种申诉的职能，各类行政主管机关根据有关法律法规，一般都有通过行政调解或行政裁决的方式处理该领域公民的申诉和其他纠纷的职责。

其一，应赋予行政调解协议民事合同效力。从行政机关对民事纠纷处理的不同情形看，乡镇司法所对民事纠纷的处理类似人民调解的纠纷解决方式，只是处理的机构性质有所不同。而一些职能部门附带的纠纷解决则多与其职权行使有着直接的关系，但基本上是居间调解，是否能够就纠纷达成协议，仍取决于当事人双方的合意。行政机关应当事人的申请居间调解或依据其职能附带进行调解，达成协议后，该调解协议应比照人民调解协议被赋予合同的效力。

其二，对于卫生行政机关主持下就赔偿金事项达成的调解协议，患者可以向人民法院申请支付令。《中华人民共和国劳动争议调解仲裁法》第十六条规定：“因支付拖欠劳动报酬、工伤医疗费、经济补偿或者赔偿金事项达成调解协议，用人单位在协议约定期限内不履行的，劳动者可以持调解协议书依法向人民法院申请支付令。人民法院应当依法发出支付令。”对于卫生行政机关主持下就赔偿金事项达成的调解协议，可以参照该条的规定，患者可以向人民法院申请支付令。

其三，对于卫生行政机关主持下就赔偿金事项达成的调解协议，当事人可以申请公证机构赋予强制执行效力。《最高人民法院关于审理涉及人民调解协议的民事案件的若干规定》第十条规定："具有债权内容的调解协议，公证机关依法赋予强制执行效力的，债权人可以向被执行人住所地或者被执行人的财产所在地人民法院申请执行。"对于卫生行政机关主持下就赔偿金事项达成的调解协议，如果当事人申请公证机构赋予强制执行效力，公证机构应当依法赋予该公证债权文书具有强制执行效力。

（三）加强医疗纠纷行政调解机构建设

应当加强行政调解机构和人员的专业性、独立性，以利于其更有效、更公正地发挥作用。可在行政系统内设置专门的行政调解机构，配备专门的行政调解人员。行政调解机构的工作人员须具有专门的法律知识或较为丰富的经验，这样有利于提高行政调解运作的效率，推进行政调解向专门化、职业化的方向发展；还可以适当吸收专家参与，调解员应该包括法律专家、医学专家，也包括卫生行政官员和司法官员。在纠纷个案处理方面，可以有两种模式：一种模式由委员会自行选择调解员，应该保障必须有医疗纠纷所涉及主要专业的医学专家参加，同时有法律专家参加；另一种模式是由当事人选择调解员，患方选择医学专家，医疗机构方选择法律专家，并且对人员的选配和比例设定明确的条件。在行政调解的机构设置上，应坚持贴近基层的原则，让行政调解机制真正能够方便地为民所用、为民服务。

第四节　仲裁

仲裁是指根据有关规定或当事人之间的协议，由一定的机构以第三者的身份对双方发生的争议在事实上作出判断，在权利与义务上作出裁决的一种方式。仲裁是替代性非诉讼解决体制中最接近诉讼的一种方式，它与诉讼有很多相同或相似的地方，如都具有明确而详细的程序，在第三方参与下处理争议，仲裁裁决的效力也最接近于诉讼的效力。但是，两者之间也有明显的区别。首先，两者的性质不同。诉讼是司法手段；仲裁属于民间司法范畴，被称为“准司法手段”。其次，两者的组织不同。审判的主体是人民法院；仲裁委员会是民间机构并备有仲裁名册，当事人双方都有权选择一名仲裁员，然后共同选定或共同委托仲裁委员会主任指定第三名仲裁员为首席仲裁员，组成仲裁庭审理案件。再次，两者的审级制度不同。民事诉讼实行二审终审；仲裁实行一裁终局，裁决书自作出之日起发生法律效力。最后，两者的主管和管辖不同。法院受理案件的范围比较广泛；仲裁主要调解合同纠纷和其他财产利益纠纷，同时只有在当事人达成仲裁协议的情况下，仲裁机构才能受理。

一、仲裁解决医疗纠纷的合理性

仲裁解决医疗纠纷合理性的主要表现：一是医疗纠纷仲裁具有程序的规范性，能够最大限度地保证仲裁的公正性。二是医疗纠纷仲裁者具有良好的专业知识互补性，选任来自不同专业领域、不同利益集体的专家，如医学专家、法学专家等，这样可以在仲裁过程中直接交流意见，有效中和不同利益群体的利益冲突，从而弄清纠纷中的事实因果关系。三是医疗纠纷仲裁具有灵活性。仲裁具有超过诉讼的灵活性，在出现法规真空或无先例可依时，可以灵活作出切合实际的裁决，不但能及时解决社会矛盾，还能为将来的法规制定提供有意义的借鉴。

二、医疗纠纷地方调解仲裁举措

以天津市仲裁委员会医疗纠纷调解中心为例，其于 2006 年年底正式挂牌成立，由天津市仲裁委员会与天津金必达医疗事务信息咨询服务有限公司共同建立，办公地点设在金必达公司所在地。医疗纠纷调解中心设主任一名（由天津市仲裁委员会领导担任）、副主任一名（由金必达公司领导担任），内设受理部、调解部，部长由天津市仲裁委员会指派，副部长由金必达公司指派。金必达公司依据《天津仲裁委员会调解员推荐标准》《天津仲裁委员会仲裁员推荐标准》向天津市仲裁委员会推荐调解员、仲裁员，经由天津市仲裁委员会业务培训后，履行聘任手续。被聘的调解员、仲裁员要严格执行《天津仲裁委员会调解员行为规范》和《天津仲裁委员会仲裁员行为规范》并遵守《天津仲裁委员会仲裁员自律公约》。

天津市仲裁委员会还制定了《天津仲裁委员会医疗纠纷调解规则》，受理事实清楚、责任明确、当事人仅对赔偿方案有争议的医疗纠纷。按照《天津仲裁委员会医疗纠纷调解规则》，医疗纠纷仲裁调解坚持当事人自愿原则，医疗纠纷的双方当事人如果达成协议将纠纷提交调解中心调解，即可以向调解中心提出申请，并且提交协议、调解申请书、申请人主体资格的证明。调解中心收到当事人提交的调解申请书等相关资料后 2 日内，将受理符合条件的申请并通知当事人。当事人在收到调解受理通知书 5 日内，在调解员名册中共同选定调解员成立调解庭，调解庭将在 10 天内开庭，开庭 3 天前将通知当事人开庭日期和地点。医疗纠纷的调解期限为 20 天，自调解庭第一次开庭之日起计算，但双方当事人同意延长的可以适当延长。

天津市仲裁委员会有关人士表示，医疗纠纷仲裁调解采取“一裁终局”制，克服了以往医疗纠纷处理工作中存在的久拖不决等现象，使当事人的合法权利得到了保障。此外，天津市仲裁委员会实行调解员名册制度，在册的调解员都是从事医学、法学等专业的专家，可以互相取长补短，丰富的专业知识可以保证调解的成功率。医疗纠纷的调解期限为调解庭第一次开庭之日起 20 天，可以为当事人减少时间和精力的付出。医疗纠纷仲裁庭审过程和结果都不公开，调解中心、调解员及工作人员均负有保密义务，整个调解过程不受外界干扰，保证双方的声誉及隐私。

天津市仲裁委员会医疗纠纷调解中心成立半年以来，只受理了一起案件。用天津市仲裁委员会调解中心负责人的话说：“当前该中心的运行存在很大的困难。”天津市仲裁委员会医疗纠纷调解中心与天津金必达医疗事务信息咨询服务有限公司合作，办公室设在金必达公司所在地，调解中心副主任由金必达公司领导担任，调解员、仲裁员由金必达公司向天津市仲裁委员会推荐，这在一定程度上势必会影响社会公众对调解中心的信任度。

三、仲裁解决医疗纠纷的困惑

首先，我国目前医疗纠纷的解决在实际中鲜用仲裁方式。有学者提出医疗纠纷不属于仲裁调解范围。《中华人民共和国仲裁法》（以下简称《仲裁法》）第二条规定："平等主体的公民、法人和其他组织之间发生的合同纠纷和其他财产权益纠纷，可以仲裁。"医疗纠纷包括医疗服务合同纠纷，尽管也是以赔偿为目的，但它属于人身权的范围，而《仲裁法》的受案范围并不包括人身损害赔偿纠纷，故医疗服务合同纠纷不在此列，然而大部分学者认为医疗纠纷可以适用仲裁手段。首先，医疗纠纷双方当事人符合该法关于主体平等的规定。① 其次，医疗纠纷不属于《仲裁法》规定的不能仲裁的纠纷争议。依据该法规定，有两类争议不能适用仲裁：一类为婚姻、收养、监护、抚养、继承纠纷；另一类为依法应当由行政机关处理的行政争议。医疗纠纷显然不属于第一类，是否属于第二类，有学者认为医疗纠纷主要涉及医疗损害赔偿纠纷，可以用《仲裁法》解决。若患者要求对医疗机构和医务人员进行行政处理的医疗纠纷，属于卫生行政部门管理，这部分医疗纠纷不适合仲裁。② 笔者也比较赞同这种观点。

第五节　医疗责任保险

责任保险是指被保险人对第三者依法负的赔偿责任为保险标的的保险。医疗责任保险属于责任险的一种，对投保的医疗机构和医务人员在诊疗护理活动中因执业过失造成的患者人身损害，在患者或其近亲属提出索赔申

---

① 张利彬，蒲川．建立医事仲裁前置制度的必要性和可行性探索［J］．重庆医学，2012（25）：2670-2672.

② 陆琳．我国医疗纠纷的仲裁解决机制浅探［J］．中国市场，2011（14）：147-149.

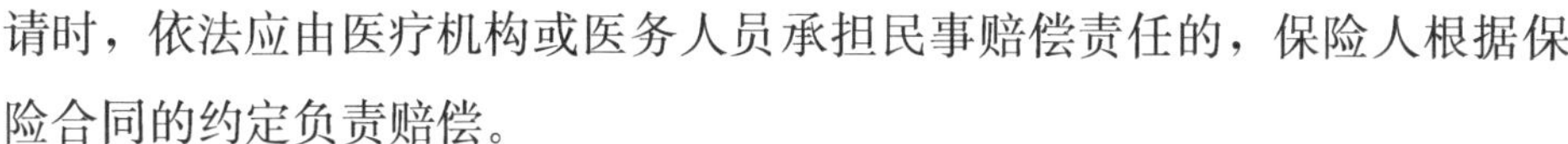

请时，依法应由医疗机构或医务人员承担民事赔偿责任的，保险人根据保险合同的约定负责赔偿。

一、医疗责任保险的现状

从20世纪90年代末开始，我国保险市场已经出现了医疗责任保险，先后在云南、上海、天津、深圳和北京等以自愿参保的形式进行推广，有些省市还相继出台了关于实施医疗责任保险统保的政府规范性文件。2002年8月23日，上海市人民政府批复下发了《关于本市实施医疗保险的意见》和《上海市医疗事故责任保险实施方案（试行）》。目前，国内包括中国人民保险公司、平安保险公司、太平洋保险公司等都推出了自己的医疗责任保险产品，但在自愿投保的情况下，这类保险在市场上的推广情况并不理想。我国保险市场最发达的地区深圳，于1999—2003年的四年间，医疗责任保险累计保费收入仅200多万元，投医疗责任保险的不足5%。这与深圳保险市场接近20%的年保费增长率是极不相称的。北京市2003年拥有各级各类医院（含中央直属和部队医院）共551家，而投医疗责任保险的不足20家。2004年9月，北京市人民政府下发了《北京市实施医疗责任保险的意见》，规定国有的非营利的医院需按本规定参加医疗责任保险，2005—2007年参保的医疗机构仅占全市医疗机构的46%左右。

二、造成这种状况的主要原因

（一）医疗责任险还不是强制险

在建立医疗责任保险的地方，基本上是自愿性的，而不是强制性的，医疗机构根据自己的需求作出是否投保的决定。由于各医疗机构的需求不一致，参保率比较低。由于参保率低，保险的大数法则难以发挥，保险功能也就体现得不充分。一家曾经参保又退保的广州某三甲医院负责人介绍，医院对保险责任险感到不满意的主要原因：一是公司赔付标准不明确，理赔时间长，反而易使患者产生不良的情绪和过激行为；二是赔付比例不高，保费动辄涨价，医院感到投保不划算。

（二）全国没有统一的医疗责任保险规范

由于没有统一的医疗责任保险法，对医疗责任保险人、被保险人、投保人、保险责任人、承保范围等一些共性问题没有统一的规定，各地的做法五花八门。

（三）保险公司服务不到位

经调研发现，保险公司在医疗责任保险风险防范机制、专业人才队伍建设、指导和管控医疗纠纷调解机构等工作中还存在很多缺陷，保险公司需要培养一批具有医学专业知识、既懂法又懂保险的复合型人才。①

第六节　诉讼调解

诉讼调解是指在人民法院审判人员的主持下，双方当事人通过自愿协商，达成协议，解决民事争议的活动和结案方式。由于诉讼调解是由法官主持的，也称法院调解。诉讼调解是以当事人行使诉权为基础、以当事人意思自治为条件、以当事人依法行使处分权为内容的一项诉讼制度。

诉讼调解是我国诉讼制度的重要组成部分，是人民法院行使审判权的重要方式。人民法院的调解工作经历了司法政策上三次大的调整，从以调解为主到着重调解再到自愿合法调解。2004 年，最高人民法院出台了《最高人民法院关于人民法院民事调解工作若干问题的规定》，完善了诉讼调解程序，规范了调解活动，健全了调解制度，特别是增强了人民法院和法官的调解意识。在其出台后两年的时间内，人民法院的诉讼调解工作取得了很大进展，2006 年全国通过调解结案的民事案件占全部民事案件总数的 33.1%。

---

① 胥林花. 推进医疗责任险的现状和思考［J］. 江苏卫生保健，2012，14（6）：30-31.

诉讼调解之所以在我国诉讼制度中处于如此重要的位置，源于调解制度本身的优势。诉讼调解具有调解利用的自愿性、调解目的的和解性、调解过程的协商性、调解内容的开放性、调解中信息的保密性、调解程序的简易性和处理的高效性、调解结果的灵活性和多样性、调解费用低廉等优势。正是由于调解具有如此多的优势，已经被其他国家学习和借鉴。

但是，医疗纠纷案件的调解并不乐观。从有关数据可知，医疗纠纷案件判决结案的比例很高，在全部医疗损害赔偿案件中，判决率达到42%；而调解率很低，只占到5.3%。而民事案件的判决比例为24.9%，调解撤诉率达到60.5%，[①] 可见医疗损害赔偿案件的诉讼调解相当难，同时也说明调解的空间很大，认真总结和研究医疗纠纷案件的诉讼调解机制显得十分必要。

医疗纠纷案件向来是双方矛盾尖锐、诉讼周期长、诉讼成本高、非专业调解组织难以介入的一块“硬骨头”。以北京市相关工作为例，北京石景山区法院创建了在当事人自愿的基础上由法院主持、案外医院和医疗行业协会专家为专业调解员的“一带二”调解模式，使该院在2006年9月试行新调解机制以来受理的22件医疗纠纷案件中的18件以调解或撤诉方式结案，占案件总数的82%。办案周期由原来的平均10个月以上缩短为3—6个月，法院及当事人为此支出的诉讼成本至少减少一半。

所谓“一带二”，“一”是指法院主导诉讼调解全过程，“二”是指医疗机构的交叉调解与行业协会所属医疗机构的专业调解相结合。按照该模式，法院受理医疗纠纷案件后，由负责审理此案的法官助理先将事实比较清楚、具备调解基础的案件筛选出来，征得原被告双方同意后，在收到案件3日内通知具有医学专业知识的人民陪审员或特约调解员及时进行调解工作。为了保障调解的公平、公正，特约调解员由交叉医院具有主治医师及以上资格的医务人员担任。

---

① 林文学. 医疗纠纷解决机制研究［M］. 北京：法律出版社，2008：103.

此外，在调解不能成功的情况下还引入了社团调解，即根据北京市的医疗机构正在陆续投保医疗责任险的情况，将调解不成的案件由法院委托承办“医责险”的保险公司依托专业调解社团，即由北京市卫生法研究会医疗纠纷调解中心等进行论证，将论证意见及时反馈法院，并且由社团组织根据论证意见进行调解。

第七节　诉讼（审判）

医疗纠纷诉讼是指法院在产生纠纷的双方当事人及其他诉讼参与人的参与下，就医疗纠纷案件进行审理和作出裁判的行为。

一、诉讼的特点

（一）纠纷的解决以国家的强制力为后盾

在诉讼过程中，法院有权对妨碍民事诉讼秩序行为的行为人采取强制措施，在必要时适用先行给付和财产保全制度，在当事人不履行法院的判决时，根据当事人的申请或法院依职权采取执行措施等，体现了国家解决纠纷的权威性、合法性、规范性和强制性。

（二）纠纷的解决过程有严格的程序

这主要表现在从当事人提出解决纠纷的请求到法院对纠纷事实的审查，以及法院对纠纷所涉及的事实的判断和对纠纷解决的法律适用，均有一系列系统的步骤和程序。

（三）医疗纠纷诉讼成本高

医疗纠纷涉及医学和法学的双重性，所以在这两方面都需要专业人士的协助。而诉讼费、律师费、鉴定费等是一笔不小的费用，给患者造成了非常大的经济负担。

（四）诉讼时间长

从诉讼的时间来看，目前多数医疗纠纷案件的诉讼时间都在 1 年以上。医疗机构是否存在过错、患者的伤残等级、证据的真实性等太多专业性问题都需要专业人员的鉴定。鉴定是一个漫长的过程，过错鉴定一般都需要 6 个月以上，所以医疗纠纷案件的审理时间比一般的民事案件要长得多。

（五）对专业诉讼问题，诉讼并不是一种好的选择

法官是法律专家，不是专业性很强的医学专家，所以医疗纠纷案件中的很多问题需要专业机构进行鉴定。即使鉴定结论出来后，也需要专家协助分析。因此，法官对过错的把握存在一定的难度。

二、诉讼中案由的选择

在民事案件审判中，对每一个案件，人民法院均会为其确定一个案由。《侵权责任法》于 2010 年 7 月 1 日实施后，最高人民法院于 2011 年对 2008 年的《民事案件案由规定》进行了第一次修正，2020 年进行了第二次修正。2020 年的《民事案件案由规定》规定了医疗纠纷案件的几个案由，分别是“医疗损害责任纠纷”（包括侵害患者知情同意权责任纠纷和医疗产品责任纠纷）、“医疗保险待遇纠纷”和“医疗服务合同纠纷”。

根据《民法典》第七编第六章“医疗损害责任”的规定对医疗损害责任纠纷所作的案件分类，在侵权诉讼中，依照新修订的《民事案件案由规定》区分不同案件类型对应的案由，具体如下：根据《最高人民法院关于印发修改后的〈民事案件案由规定〉的通知》（法〔2011〕42 号）第三点的规定，“第一审法院立案时应当根据当事人诉争法律关系的性质，首先应适用修改后的《民事案件案由规定》列出的第四级案由；第四级案由没有规定的，适用相应的第三级案由；第三级案由中没有规定的，适用相应的第二级案由；第二级案由没有规定的，适用相应的第一级案由”。未尽合理医疗水平义务的医疗损害责任纠纷案件，对应的案由应是第三级案由“医疗损害责任纠纷”；医方违反告知说明义务的医疗损害纠纷案件，对应的案

由应为第四级案由“侵害患者知情同意权责任纠纷”；因医疗产品缺陷引起的医疗损害责任纠纷案件，对应的案由应为第四级案由“医疗产品责任纠纷”；医方泄露患者隐私引起的医疗损害责任纠纷案件，对应的案由应为第三级案由“隐私权纠纷”；推定医疗机构有过错的医疗损害责任纠纷案件，则应根据推定过错的具体类型按照上述案由适用规则确定具体的案由。

第八节 建立多元化的医疗纠纷解决机制

纠纷解决机制是指一个社会为解决纠纷而建立的由规则、制度、程序、机构（组织）及活动构成的系统。狭义的纠纷解决机制主要指国家通过相关法律法规建构或界定的，由各种正式和非正式制度或程序构成的综合性解决纠纷的系统；广义的纠纷解决机制还包括非制度化的临时性、个别性纠纷解决活动，以及民间团体自发形成的各种私力或自力救济。

多元化纠纷解决机制是指由各种不同性质、功能、程序和形式的纠纷解决机制共同构成的整个系统。在这种多元化的系统中，各种制度或程序既有其独立的运行空间，又能形成一种功能互补，以满足社会和当事人的多元化需求和自由选择。①

建立和完善多元化纠纷解决机制的目的就是使纠纷解决渠道多样化，以更好地化解矛盾，实现公平正义，为实现经济社会又好又快发展创造和谐稳定的社会环境。现代社会是一个“利益多元需求，权力分散制约，组织依法独立”的社会，人民群众在日常工作、生活中发生了纠纷，国家有责任给人民提供多元的、满意的纠纷解决手段。因此，建立和完善多元化纠纷解决机制是人民民主政治建设的需要，是加快建设社会主义法治国家的内在要求。

---

① 邢学毅．医疗纠纷处理现状分析报告［M］．北京：中国人民公安大学出版社，2008：186-190.

多元化解决纠纷是国际社会的趋势。调解的正当性已经得到从法律界到社会公众的普遍认同。各国法律工作者在交流和讨论中尽管出现了一些不同的看法和忧虑，然而更多的则显示了法律界整体对 ADR 在理念上的认同、政策上的支持和行动上的积极响应。寻找能够适应我国现实的纠纷解决理论，构建适合我国社会需要的非诉讼制度和程序，将是我国法律工作者共同追求的目标。

不同类型的民事纠纷要求用不同的解决方式来解决，同一类型的民事纠纷也需要多种解决方式。纠纷的有效解决在于纠纷解决方式的特点与纠纷的特点相适应。每一种解决方式都具有不同功能，它们在解决纠纷中所发挥的作用不同。同时，各类纠纷解决方式之间又相互联系，在一定的条件下相互影响和代替。比如，当用调解的方式无法解决纠纷的时候，诉讼为纠纷的最终解决提供了保障；相反，诉讼的高成本和程序的复杂性对当事人选择以非诉讼解决纠纷的方式有着实质性的影响。至于在仲裁制度中借助诉讼的有关制度保障仲裁的有效性和权威性，以及在诉讼制度中运用其他解决纠纷方式的有关内容，在许多国家的立法中多有表现，这些都体现了各类民事纠纷的解决方式相互之间的影响和作用。

医疗纠纷解决机制应当与纠纷自身的特点和当事人的需求相适应，如果建立的机制与之不相适应或不完全适应，该制度就会慢慢地有名无实。换言之，无论什么样的纠纷解决制度，在现实中其解决纠纷的形态和功能总是由纠纷的特点所决定的，所以在分析医疗纠纷解决机制时必须将其放在医疗纠纷的具体背景中来把握，并且从纠纷主体的权利和利益的角度对纠纷解决制度的实际作用加以具体考察。在医疗纠纷解决方式的制度构建中，应将医疗纠纷从以诉讼为重心向以调解、仲裁等纠纷解决机制为重心转移和引导。总之，我们要寻求一条公正、高效的医疗纠纷解决途径，正确、合理地确定医患双方当事人的权利、义务和责任，兼顾维系医患之间的和谐关系，妥善建构和选用医疗纠纷所适用的程序制度和程序法理，使我国医疗纠纷解决机制多元化、合理化。

第九章　互联网医疗纠纷的风险及规避

第一节　互联网医疗纠纷的概念界定

一、互联网医疗行为

互联网医疗行为是指以互联网为载体，以信息传播为手段，整合不同地区的患者和医务人员资源，实现病患的远程咨询及医务人员对病患的远程诊断或治疗，通过构建多种形式的健康网络平台，提供形式多样的健康医疗服务。

互联网医疗因其形式的特殊性，根据服务对象的不同，可以被分为为患者提供服务（互联网医院和互联网诊疗）和为医疗机构提供服务（远程医疗）两种模式。本章重点分析的是服务对象为患者的互联网医疗模式。

二、互联网医疗纠纷

根据《医疗纠纷预防和处理条例》第二条的规定，医疗纠纷是指医患双方因诊疗活动引发的争议。该定义明确了医疗纠纷的三个构成要件：一是医疗纠纷的主体是医患双方；二是医患双方存在争议；三是医患双方的争议是“因诊疗活动引发”。由此可以认为，互联网医疗纠纷就是指在以互联网诊疗、互联网医院、远程医疗等互联网形式开展的诊疗活动中，医患双方因诊疗活动引发的争议。①

根据前文对互联网医疗的界定，这里主要探讨的互联网医疗纠纷是指在以患者为服务对象的互联网诊疗、互联网医院模式下，依托互联网平台开展的诊疗活动中，发生在医疗机构与患者之间或网络医疗平台运营商与患者之间的医疗纠纷。

第二节　互联网医疗纠纷解决制度的适用现状

一、互联网医疗纠纷仍适用传统医疗纠纷解决制度

国家卫生健康委和国家中医药局于2022年2月8日颁布的《互联网诊疗监管细则（试行）》第三十六条对互联网医疗纠纷的法律适用作了明确规定："医疗机构在开展互联网诊疗活动过程中发生医疗事故或者引发医疗纠纷的，应当按照《医疗事故处理条例》《医疗纠纷预防和处理条例》等有关法律法规和规定处理。医疗机构所在地县级以上卫生健康主管部门应当按照相关法律法规履行相应处理责任。"在某种程度上，《互联网诊疗监管细则（试行）》可等同于互联网医疗规范的纲领性文件，具有较强的政策导向作用。

互联网医疗纠纷作为一种新型医疗纠纷，与传统的医疗纠纷相比，虽然在纠纷主体、医患诊疗过程、患者损害后果及诉求等方面存在差异，但其仍然符合《医疗纠纷预防和处理条例》规定的"医患双方因诊疗行为引发的争议"，本质上仍然属于医疗纠纷。因此，在法律适用方面，依然适用《民法典》的相关规定、《最高人民法院关于审理医疗损害责任纠纷案件适用法律若干问题的解释》（2020年修正）等实体法律规范和《医疗纠纷预

---

① 罗涛，赵越，徐婷，等. 试论互联网医疗纠纷在线解决机制的构建［J］. 中国医院，2022（5）：64-67.

防和处理条例》《医疗事故处理条例》等程序法律规范。[1]

二、互联网医疗纠纷已衍生专门适用制度

政府针对互联网医疗相继出台了一些专门性的政策、部门规章和地方性法规，如《国务院关于积极推进“互联网＋”行动的指导意见》《国务院办公厅关于促进“互联网＋医疗健康”发展的意见》《互联网诊疗管理办法（试行）》《互联网医院管理办法（试行）》《远程医疗服务管理规范（试行）》等。但这些专门性规范仍有待细化，如线下医疗机构执业医生在进入互联网医疗平台时，需要具备什么入驻资质，如何判断其行为是诊疗行为还是健康咨询行为，以及互联网平台如何监管、如何划定职责范畴等，尚需进一步完善立法加以明确。

值得一提的是，《国务院办公厅关于促进“互联网＋医疗健康”发展的意见》中明确支持医疗卫生机构、符合条件的第三方机构搭建互联网信息平台，开展远程医疗。而《医师法》第三十一条规定：“医师不得利用职务之便，索要、非法收受财物或者谋取其他不正当利益。”那么在制度层面如何界定医生在互联网医疗平台上的行为是诊疗行为还是健康咨询行为，是力求便利的正当服务还是别有用心的不当牟利？我们必须明确的是互联网医疗的目的是图便利而非牟利，现实中却出现部分医生在正常门诊收取挂号费后再极力推荐患者去另一个收费平台重新办理手续咨询的实例，这就存在重复收费和变相牟利之嫌。

第三节　互联网医疗纠纷的主要风险来源

随着科学技术的革新，互联网技术和医疗的融合显得非常必要和重要。

① 罗涛，赵越，徐婷，等. 试论互联网医疗纠纷在线解决机制的构建［J］. 中国医院，2022（5）：64-67.

以“互联网医疗”展开的就诊模式逐渐深入人心，为需要提供医疗服务的患者带来了传统医疗模式无法给予的就医便利。据 2022 年发布的第 49 次《中国互联网络发展状况统计报告》显示，截至 2021 年 12 月，我国在线医疗用户达 2.98 亿人，占网民整体的 28.9%。自 2020 年该报告首次发布在线医疗用户数据以来，此次用户规模创下新高。[①] 随着互联网医疗用户人数的不断攀升，随之产生的互联网医疗纠纷也与日俱增。

一、互联网医疗行医规范

（一）准入门槛及平台监管

按照《互联网诊疗管理办法（试行）》第五条和第十四条的规定，互联网诊疗活动应当由取得《医疗机构执业许可证》的医疗机构提供。开展互联网诊疗活动的医师、护士应当能够在国家医师、护士电子注册系统中查询。医疗机构应当对开展互联网诊疗活动的医务人员进行电子实名认证，鼓励有条件的医疗机构通过人脸识别等人体特征识别技术加强医务人员管理。由此可见，有资质从事互联网诊疗活动的主体只能是医疗机构。但在实践中，一方面，个别缺乏诊疗资质的互联网医疗服务提供者并不知晓该规定，受理患者医疗咨询的同时也进行了互联网诊疗活动；另一方面，由于患者无法在平台上看到关于医生、药师的资质证明，有的无就诊资质的人趁机在互联网平台上进行诊疗活动。此外，有关医生多点执业准入的限制与互联网医疗本身不受地域限制这一特殊性存在一定的冲突。由于互联网医疗执业并不受时间、地域的限制，所以医师有机会在原注册单位之外的任何平台上随意从事互联网医疗活动。根据《互联网诊疗管理办法（试行）》第二十五条，《医师执业注册管理办法》第十条、第十七条的规定，医师在其他机构执业从事互联网诊疗的，需要经其执业注册的医疗机构同意，同时应当向卫生计生行政部门申请。

---

① 中国互联网络信息中心. 第 49 次《中国互联网络发展状况统计报告》[EB/OL]. https://www.cnnic.net.cn/NMediaFile/old_attach/P020220721404263787858.pdf,2022-02-25/2023-03-07.

（二）诊疗行为和健康咨询行为的界定标准

互联网健康咨询准入门槛较低，在法律上很难区分“诊疗行为”和“健康咨询行为”。互联网医疗平台除了挂号咨询、就诊导医等，还可能涉及对患者表达的症状或健康问题的解答，此类解答是否属于诊疗行为在实践中是存在争议的。从严格意义上来说，仅就上述问题咨询提供倾向性的意见和建议，不能算作诊疗行为。《医疗机构管理条例实施细则》第八十八条明确了“诊疗活动”的含义：“是指通过各种检查，使用药物、器械及手术等方法，对疾病作出判断和消除疾病、缓解病情、减轻痛苦、改善功能、延长生命、帮助患者恢复健康的活动。”因此，首先要判断医生的行为是健康咨询还是诊疗，诊疗行为必然存在误诊导致患者病情延误的可能性，引起互联网医疗纠纷；而在线服务者提供建议性的回答仅仅属于健康咨询。

相对于互联网诊疗活动，具有较低准入门槛的互联网健康咨询服务在经营中的成本也更低，这使“互联网＋”医疗服务内容提供商为了节约成本趋之若鹜，以互联网健康咨询的名义提供着互联网诊疗服务。如果将轻问诊、远程咨询、第二诊疗意见等仅仅视为提供健康咨询信息，但是这些活动中有很多都涉及对疾病的诊断和治疗方案的提供，就可能会对患者的生命健康产生不利影响。

（三）互联网医疗对初诊患者的诊疗约束

《互联网诊疗管理办法（试行）》第十六条规定：“不得对首诊患者开展互联网诊疗活动。”第二条规定：“本办法所称互联网诊疗是指医疗机构利用在本机构注册的医师，通过互联网等信息技术开展部分常见病、慢性病复诊和‘互联网＋’家庭医生签约服务。”对患者的初次诊断在整个诊疗过程是最基础性的环节，几乎决定了后续治疗的整体走向。一旦误诊，不仅后续配套的治疗措施无法对症下药，还会延误最佳治疗时间，更严重的甚至会导致患者病情进一步恶化。因此，考虑到互联网医疗只能线上诊疗的局限性，而且诊断的基础主要是通过患者对自身病情的描述，而未经过专业医生通过“望、闻、问、切”及相关科学检查的方式进行客观落实，如果医生直接就此草率地出具诊断意见，那么误诊的概率将非常高。这不仅是对初诊患者不负责任，还会增加诊疗医生及相关医院承担侵权责任的风险。当然，如果互联网平台没有对这一诊疗行为进行明确约束，也可能会面临监管不力的侵权责任追究。

二、互联网医疗信息泄露

在整个医疗服务过程中，涉及互联网医疗机构、医护人员、患者、第三方互联网医疗平台（以下简称“互联网医疗平台”）4 个主体。互联网医疗信息受侵案件高发的原因：首先，实体医疗卫生机构和网络运营者对信息安全的保障不力；其次，患者自身缺乏信息安全保护意识。[①]

对于互联网医疗机构和互联网平台而言，相较于传统医疗，互联网的信息范围扩大、侵权率增加。线下实体医院为保障信息安全均采用内网系统采集、运输、存储医患信息；而互联网医疗由于其自身行业的特点，势必要通过互联网进行医患信息的采集和存储。《互联网诊疗管理办法（试行）》第二十条规定：“医疗机构应当严格执行信息安全和医疗数据保密的有关法律法规，妥善保管患者信息，不得非法买卖、泄露患者信息。发生患者信息和医疗数据泄露后，医疗机构应当及时向主管的卫生健康行政部门报告，并立即采取有效应对措施。”因此，线上诊疗需要妥善保管患者信息，严格执行信息安全和医疗数据保密的有关法律法规。若有非法买卖、泄露患者信息的行为，医疗机构将可能被追究相关责任。

对于患者个人而言，在缺乏自我信息保护意识的情况下，也有可能在注册、诊疗等环节无意识泄露个人信息。

此外，互联网诊疗平台与购物平台的“混同”，即互联网诊疗平台与其他性质的平台共存于一个网站或手机应用软件[②]，也可能导致患者个人求诊信息等隐私内容得不到足够保护。

---

① 严景．互联网医疗法律监管研究［D］．北京：北京邮电大学，2020.

② 冯赢东．我国互联网诊疗活动监管制度研究［D］．北京：华北电力大学，2019.

三、互联网医疗责任主体

对于传统医疗纠纷，由于其存续时间久，我国法律对其在责任认定方面的规范已经相当成熟；但在互联网医疗层面，由于医疗纠纷涉及的主体更加复杂多元，包括互联网医疗机构、医护人员、患者和互联网医疗平台，这就意味着在互联网医疗纠纷中责任划分将非常困难。虽然《国务院办公厅关于促进"互联网＋医疗健康"发展的意见》对于互联网医疗平台规定了一定责任，即"互联网医疗健康服务平台等第三方机构应当确保提供服务人员的资质符合有关规定要求，并对所提供的服务承担责任"，但在责任分配方面仍有待明确。

互联网医疗平台可能是独立运营，也可能是与医院合作建立。此处主要讨论的是后者。在该合作模式下，原本应当由医疗机构独立管理的医疗服务数据转为由网络平台进行实质管理。在发生纠纷时，应当如何认定责任主体呢？一方面，医生是与患者建立直接联系的主体，通过判断医生在诊疗过程中是否尽到义务，可以进而判定其在互联网医疗纠纷中是否需要承担一定的责任。另一方面，在出现纠纷后，互联网平台作为互联网医疗的载体是否担责及如何担责，实务中尚存在争议。

除此之外，互联网平台在用户注册时往往要求用户同意包含免责条款的用户协议。例如，通过在平台明确咨询建议不能作为诊断及医疗的依据，如需具体诊疗请前往医院等提示，排除自身医疗责任。由此，互联网平台需要承担网络服务商的责任。根据《民法典》第四百九十七条第二项的规定，提供格式条款一方不合理地免除或减轻其责任、加重对方责任、限制对方主要权利，该格式条款无效。笔者认为，互联网平台一边利用医生注册和患者咨询双向收费，另一边又试图从互联网医疗纠纷中全身而退，这有违权利与义务相适用的原则，如何对互联网医疗监管到位有待实务探索。

第四节　规避互联网医疗纠纷的建议

随着互联网医疗服务的迅速发展，其规范管理、风险把控等问题开始成为业界关注的焦点。相较于传统的医疗纠纷，互联网医疗纠纷的处理方式对医院和医生具有更大的风险。随着互联网医疗的不断深入发展，增强医方的风险意识，预防纠纷的发生，是当下医方处理互联网医疗纠纷的最佳措施。国家前后出台的一些法律政策对预防互联网医疗纠纷的发生具有重要的指导和借鉴意义。因此，笔者将在现有制度的基础上，就上文提及的风险来源提供一些具有针对性的建议。

一、加强资质审查，明确诊疗范围

（一）开展互联网诊疗的医务人员和患者都要实行实名制

为了从源头上预防互联网医疗纠纷的产生，对于人员素质和平台准入门槛都应该有一定要求并附加严格的审核验证。《互联网诊疗监管细则（试行）》对此进行了明确的规定，实务中可以参照。其第五条规定："医疗机构应当主动与所在地省级监管平台对接，及时上传、更新《医疗机构执业许可证》等相关执业信息，主动接受监督。"第十二条规定："医疗机构应当对开展互联网诊疗活动的医务人员进行实名认证，确保医务人员具备合法资质。"第十三条规定："医师接诊前需进行实名认证，确保由本人提供诊疗服务。其他人员、人工智能软件等不得冒用、替代医师本人提供诊疗服务。各级卫生健康主管部门应当负责对在该医疗机构开展互联网诊疗的人员进行监管。"第十四条规定："医疗机构应当将开展互联网诊疗活动的医务人员信息上传至省级监管平台，包括身份证号码、照片、相关资质、执业地点、执业机构、执业范围、临床工作年限等必要信息。省级监管平台应当与医师、护士电子化注册系统对接，药师信息应当上传监管平台且可查询，有条件的同时与卫生健康监督信息系统对接。”

此外，《互联网诊疗监管细则（试行）》第十七条规定：“互联网诊疗实行实名制，患者有义务向医疗机构提供真实的身份证明及基本信息，不得假冒他人就诊。”第十三条规定：“其他人员、人工智能软件等不得冒用、替代医师本人提供诊疗服务。”目前很多医生在接诊时采用人工智能软件智能聊天、套用固定话术等情形将会被规范。

（二）明确诊疗行为范畴，落实首诊禁止规则

1. 严格区分健康咨询行为与诊疗行为

就互联网医院受到的行政处罚而言，诊疗范围超过实体医院是比较常见的行政处罚原因之一。网络医疗服务提供者，尤其是具有诊疗习惯的医院和医生，经常存在将健康咨询行为扩大为诊疗行为的情况。例如，某医院五官科医生在为患者提供健康咨询时，给患者开了抗生素，写的诊断是牙龈炎，该行为最后被认定为超越执业范围在网上开处方。在法律规定的框架下，互联网医疗平台想要规避法律风险，需要严格限制医生的网上诊疗行为。最主要的是看医生是否超越执业范围、是否履行引导患者到实体医疗机构就诊等告知义务，以降低医疗纠纷发生的风险。与此同时，互联网诊疗平台也要做好患者的病情登记，如是否为首诊，是否为常见慢性病问诊，做好互联网科室分类，正确引导患者进行互联网问诊。

在司法实践中，一般认为互联网上的健康咨询服务与互联网诊疗活动的主要区别在于其是否存在对疾病的诊断和提出治疗方案。如果对患者的病情作出明确诊断并有针对性地出具医嘱等，可认定为医疗行为，按照医疗损害责任纠纷或医疗服务合同纠纷处理；如果是根据患者对病情的描述提出相应的建议，通常认定为网络健康咨询，按照咨询服务合同纠纷处理。

从互联网医疗机构的角度来看，根据我国现有的法律政策规定，医院或医生在互联网平台上提供健康方面的咨询是受法律保护的，但在咨询中，一旦给出了明确的诊断和治疗建议，就有可能被认定为诊疗行为，在司法程序中极易被认定为不合法而承担相应的责任。因此，建议医院或医生在

网络咨询中应谨慎使用“明确的诊断和治疗建议”，同时也应尽量引导患者线下就医，做到双重保险，尽可能降低法律风险。

从互联网医疗平台的角度出发，建议由专业的互联网医疗律师团队对互联网咨询行为进行合规审查，并且草拟服务知情同意书。或者，互联网医疗平台也可以设置自动回复功能，在患者和医生结束病情沟通后，发送类似“本平台仅作健康咨询，具体病情应线下就医”等内容，尽到明确的风险告知义务，确保在互联网平台的咨询行为不触及诊疗行为的法律红线，确保互联网平台健康咨询服务的合法性，并且有效规避经营风险。

2. 禁止对首诊患者进行线上诊疗

《互联网诊疗管理办法（试行）》第十六条明确规定不得对首诊患者开展互联网诊疗活动，医师应当确保患者已有相关病历资料。但在实践中，有的互联网医院不太重视审查患者是否已有病历资料，一般只要患者勾选确认曾经在线下确诊过某疾病，即可在该主诉范围内接诊。这不仅使该规定有流于形式之嫌，也在无形中增加了误诊风险。

《互联网诊疗监管细则（试行）》第十八条细化了首诊禁止规则的要求，明确了患者和医师各自的义务，将判断是否符合“复诊”条件的责任也加之于医师。如果医师未能采集证明患者已经确认的凭证，监管部门可以基于《医师法》等就医师的不当执业行为进行处罚。

上述法律条文仅是对诊疗行为做禁止首诊的约束。笔者建议，无论是诊疗行为还是健康咨询行为，只要是在互联网平台上为患者提供服务，而且患者声称自己已经在线下出诊过，建议医生一并采集能证明患者已经确诊的纸质或电子凭证信息，在此基础上再去判断是否进行下一步服务工作。

二、加强网络信息维护，线上线下数据互通

（一）健全网络医疗信息法律规范，强化系统监管

从立法层面，传统医疗领域的法律法规将公民医疗信息纳入“隐私”的保护范畴，通过对隐私权的保护来防止医疗机构和医务人员侵犯患者隐

私。《民法典》第一千零三十四条规定："个人信息是以电子或者其他方式记录的能够单独或者与其他信息结合识别特定自然人的各种信息，包括自然人的姓名、出生日期、身份证件号码、生物识别信息、住址、电话号码、电子邮箱、健康信息、行踪信息等。"公民的医疗信息即属于《民法典》规定的健康信息领域。随着互联网医疗的发展，法律政策以积极确权的方式对互联网医疗信息予以保护。

根据《互联网诊疗管理办法（试行）》第十三条、第二十条的规定，医疗机构应当严格执行信息安全和医疗数据保密的有关法律法规，妥善保管患者信息，不得非法买卖、泄露患者信息。其实施第三级信息安全等级的保护。《互联网医院管理办法（试行）》附录《互联网医院基本标准（试行）》第四点规定："存储医疗数据的服务器不得存放境外。"《互联网诊疗管理办法（试行）》对医疗机构应当具备的执业环境和执业水平作了比较静态的准入条件类规定。《互联网诊疗监管细则（试行）》则建立了一种基于数据抓取的实时动态监管机制，除了要求互联网医院向省级监管平台开放相关数据接口（电子病历、诊疗过程中的图文对话、音视频资料；电子处方、处方审核记录、处方点评记录；药品配送的相关协议和处方流转信息）外，还建立了监管部门定期（每月至少一次）对互联网医院诊疗情况的数据抓取、问题反馈、整改机制，同时强调监管部门对互联网医院的数据抓取应该满足"最少可用原则"。

（二）互联网医院和实体医院应当配合做好线上与线下的衔接

互联网医院和线下实体医院并非对立存在的，两者应该利用好各自的优势共同打造新型医疗模式，建议互联网医院与实体医院能够实现数据互通，从而可以通过互联网服务有序分流患者看诊。例如，普通轻症患者在家休养或前往社区医疗卫生机构治疗；常见病、慢性病复诊和"互联网+"家庭医生签约的患者在附近医院就近诊疗或通过互联网诊疗；确需门诊、复查、入院、手术的患者由专业医师或首诊医师进行评估后尽快安排。对于肿瘤、器官移植等存在最佳治疗窗口期的患者，建议通过互联网服务及时对患者情况识别、分类，开辟诊疗“绿色通道”，协调安排患者的就诊时间，避免延误诊疗或错失最佳治疗时间。另外，还可通过互联网服务对预约患者是否存在传染病风险等进行线上评估，并且告知确需线下就诊的患者，严格采取院内预防措施，防止院内感染。

三、健全互联网医疗纠纷处理机制

（一）日常诊疗留痕，增强责任意识

如果医疗机构在互联网诊疗中没有记录自己的日常诊疗行为，一旦发生互联网医疗纠纷，就可能会因取证困难而陷入僵局。

《互联网诊疗管理办法（试行）》未就互联网医院的病历管理进行特别规定，而是在第十七条要求医疗机构开展互联网诊疗活动应当按照《医疗机构病历管理》和《电子病历应用管理规范（试行）》等相关文件要求，为患者建立电子病历，并且按照规定进行管理。

在互联网诊疗服务实践过程中，医生通常利用文字对话、语音、视频等方式开展问诊。就医患交流的内容是否需要列入电子病历予以管理的问题，上海给出了答案，根据《上海市互联网医院管理办法》第三十条的规定，“互联网医院开展互联网诊疗服务过程中所产生的文字、符号、图表、图形、数据、音频、视频等数字化信息，按照电子病历要求管理，应当与依托的实体医疗机构电子病历格式一致、系统共享，由依托的实体医疗机构开展线上线下一体化质控。资料传输、保存时应做好加密处理。”《互联网诊疗监管细则（试行）》第二十条规定：“互联网医院变更名称时，所保管的病历等数据信息应当由变更后的互联网医院继续保管。互联网医院注销后，所保管的病历等数据信息由依托的实体医疗机构继续保管。”第二十二条规定：“医疗机构自行或委托第三方开展药品配送的，相关协议、处方流转信息应当可追溯，并向省级监管平台开放数据接口。”第二十五条规定：“鼓励有条件的省份在省级监管平台中设定互联网诊疗合理性判定规则，运用人工智能、大数据等新兴技术实施分析和监管。”这些规定强调诊

疗过程中的图文对话、音视频资料等应当全程留痕、可追溯，进一步明确了互联网医疗机构在进行诊疗行为过程中的责任，无疑间接提升了相关医生的责任意识，并且提升了诊疗质量。

（二）事前划分医疗机构与互联网平台的责任

互联网医疗机构与互联网平台之间主要是契约性质的法律关系，所以建议在合作初期就通过书面协议的形式明确各自的权利和义务，对信息安全、隐私保护、医疗损害等潜在风险及责任承担进行合理划分。《互联网诊疗监管细则（试行）》第二十七条和第三十一条对此均有类似的细则规定。一方面，可以增强主体自身的责任意识，尽可能杜绝一方规避责任；另一方面，一旦患者向合作方中的一家或多家主张医疗损害赔偿，各合作方之间可在对患者进行赔偿后根据合作协议的约定进行内部追偿。

此外，从责任履行上看，由于互联网医疗的线上特征，患者获取胜诉判决或获得赔偿的调解结论后，互联网医疗经营者能否如实履行责任也将是一个问题，患者可能赢得判决却不能及时获得赔偿。作为解决方案，可以引入互联网医疗责任保险制度，由保险机构代为直接履行。这样，保险公司也成为监督互联网医疗经营者的一种社会力量，并且比消费者力量更强大。①

① 冯赢东．我国互联网诊疗活动监管制度研究［D］．北京：华北电力大学，2019．

参考文献

[1] 杜志淳，洪冬英，孙大明，等．医患纠纷解决机制与立法研究［M］．北京：法律出版社，2019.

[2] 叶舟，李林贵，尹岭．实用远程医疗技术示范与推广［M］．北京：电子工业出版社，2019.

[3] 刘刚．基层全科医疗实践与创新［M］．南京：东南大学出版社，2019.

[4] 杨春治．医疗责任保险法律制度研究［M］．北京：中国政法大学出版社，2021.

[5] 白松，许学敏．医疗纠纷法理与实务［M］．北京：中国法制出版社，2019.

[6] 甘肃第三方医疗纠纷人民调解委员会．医疗纠纷人民调解手册［M］．兰州：兰州大学出版社，2019.

[7] 李飞亭．医疗纠纷解决机制研究——以福建省莆田市调处化解医疗纠纷为实例［J］．福建法学，2013（2）：3-9.

[8] 田丰．深化医疗纠纷多元化解决机制研究——以山西省为例［J］．医学与哲学，2021，42（17）：58-62.

[9] 陈昭伊．医疗纠纷的成因及解决对策研究［J］．法制博览，2021（9）：23-24.

[10] 梁潇．解决医疗纠纷法律途径研究［J］．商品与质量，2021（29）：308.

[11] 徐博轩．医疗纠纷多元化解决机制的实证分析 [J]．科技与创新，2019 (7)：136-137.

[12] 叶孟皓．新形势下医疗纠纷院内调解机制存在的问题及优化对策研究 [J]．法制博览，2023 (33)：106-108.

[13] 张海茹．医疗纠纷第三方调解机制的“新乡模式”及其优化研究 [J]．区域治理，2021 (11)：261-264，270.

[14] 邢文娟．人民调解视阈下的东莞多元纠纷解决机制研究 [J]．中国市场，2019 (3)：85-86，94.

[15] 王海燕．协同治理视角下医疗纠纷人民调解机制的完善研究 [J]．医学与社会，2019，32 (7)：119-121.

[16] 周建裕，李清环，张妍，等．以行政裁决方式解决医疗纠纷的思考 [J]．中国卫生事业管理，2023，40 (1)：45-48.

[17] 范鹏．关于医疗纠纷非诉讼机制的研究 [J]．中国城乡企业卫生，2020，35 (9)：224-225.

[18] 臧颖，任晓波，陈颖．医疗告知不全引发医疗纠纷的类型和针对性解决策略 [J]．医学与法学，2020 (5)：32-37.

[19] 王将军，王婧，邓利强，等．医疗机构法治建设问题与对策 [J]．中国医院，2023，27 (5)：79-82.

[20] 牛春燕．包头市医疗纠纷第三方调解机制实效研究 [J]．中国卫生法制，2019，27 (3)：42-45.

[21] 诸葛菁．基于法经济学的医疗纠纷解决制度思考 [J]．开封文化艺术职业学院学报，2020，40 (3)：207-208.

[22] 李琰．完善医疗纠纷案件鉴定机制的思考 [J]．法制博览，2019 (16)：249.

[23] 吴千千，李志行．基于 SWOT-CLPV 分析的中国医疗纠纷化解机制研究——以《医疗纠纷预防与处理条例》为切入 [J]．劳动保障世界，2020 (17)：39-41.

[24] 谭娜．当代医疗纠纷危机中医院的应对及研究 [J]. 法制博览，2023（18）：151-153.

[25] 张培钰，徐朗．医疗纠纷致患者长期滞留医院的案例评析 [J]. 医学与法学，2021，13（2）：73-75.

[26] 秦泽宁，崔雨萌．大数据助力现代医疗体系建设研究 [J]. 网络安全技术与应用，2022（4）：106-107.

[27] 李灿，朱婉荧．我国医疗纠纷第三方调解机制研究 [J]. 中外企业家，2020（3）：235-236.

[28] 付玉，荣阳．建立健全医疗纠纷调处机制　促进现代公立医院健康发展 [J]. 经济研究导刊，2020（21）：197-199.

[29] 朱姝尧，杨芳．我国医疗责任保险制度优化研究 [J]. 南京医科大学学报（社会科学版），2021，21（4）：321-326.

[30] 邓春梅．论医疗纠纷的现代困境与基本应对思路 [J]. 长沙大学学报，2020，34（6）：13-18.